JN439341

# 나의 퀘렌시아

윤재송 수필집

## | 책머리에 |

행복도 고통도 사랑도 살아 있다는 사실로부터 비롯된다. 사람들은 시각장애를 갖고 사는 나를 보며 얼마나 고통스러울까 염려할 것이다. 성경에는 고통을 끝까지 참고 사는 것이 행복이라고 했다. 진정한 행복은 순간순간 느낄 수 있는 작은 즐거움에 있다. 순간의 연속이 삶이다. 그렇다면 내 인생도 때로는 불편이야 했겠지만, 결코 고통으로 점철된 불행한 삶이라고만 할 수는 없지 않은가!

신앙적으로는 나의 대부가 되는 분이며 군에서는 상관으로 나를 아끼고 인정해 주던 분이 장애를 입은 나를 보고 "당신은 나이는 나보다 연하지만 인생은 훨씬 깊이 있게 산 사람이요, 내 위로나 격려가 당신에게는 소용이 없을 것 같소." 했다.

어떻게 사는 것이 깊이 있는 삶인지는 모르지만 나는 앞이 보이지 않게 되면서부터 내딛는 발걸음을 조심스럽게 떼어놓으며 살아온 것은 사실이다. 어디를 어떻게 밟아야 할 것인가를

생각하면서… 그 걸음걸음에 고통도 즐거움도 있었다. 그래서 인생을 과정이라 하던가.

시력을 잃고 나서야 글을 쓰고 싶다는 생각을 하게 되었다. 많이 읽어야 좋은 글을 쓸 수 있다는데.

옛말에 덤불이 있어야 도깨비가 나오고, 소도 언덕이 있어야 등을 비빈다고 했다. 책을 마음대로 읽을 수 없는 나는 사막에서 도깨비를 만들어 내야 하고, 등이 가려워도 어쩌지 못하는 소와 같은 처지였다. 매월 발간되는 수필집들은 누군가가 읽어 줘야 하고, 지니고 싶은 책은 컴퓨터에서 txt나 hwp파일로 변환해 주어야 곁에 두고 읽을 수 있었다.

모방 없는 창조가 없다는 말이 창작에서도 그대로 적용되는 것 같았다. 많이 읽히는 글이 기교가 있어 부드럽고 고운 모래알 같다면 내 글은 거칠고 투박해서 걸림투성이였다. 그래도 나는 썼다. 써야 할 이유가 있기 때문이었다.

짙은 안개 속을 들여다보듯 막막하고 답답한 삶이지만 이미 주어진 것이기에 혹시나 하는 일말의 기대조차 있었다. 양파 껍질을 벗기듯 한 겹 한 겹 벗기면서 살아왔다. 때로는 매운 아픔으로 눈물이 핑 돌 때도 있었지만 사이사이에 순간의 즐거움도 있었다. 그것들을 여기에 모았다. 다듬어지지는 못했지만 느끼는 그대로 썼다.

날로 팍팍해만 가는 삶이었지만 우리 부부가 함께 울고 웃으며 딛고 온 발걸음이다. 언제 어디서 뒤돌아보아도 그 발자국 그대로였으면 한다. 첫 수필집 『팔꿈치가 못생긴 아내』와 두 번째 출간되는 『나의 퀘렌시아』가 평생을 내 그림자가 되어준 아내의 사랑에 조금의 보답이라도 된다면 더 바랄 것이 없겠다.

강의와 편집으로 늘 분망하심에도 평문을 써주신 『한국수필』 최원현 이사장님께 깊은 감사를 드리며, 잘 쓴 글보다는 좋은 글이 되도록 지도해 주신 운현수필 백승희 회장님을 비롯한 동

인 여러분께도 감사를 드린다. 교음사 강병욱 대표님과 폭염 속에서도 편집과 교정에 수고해 주신 류진 편집장님, 창작기금에 애써 주신 이민호 선생님께 감사드린다. 원고를 읽고 정리해준 아내와 컴퓨터 작업을 맡아 준 딸에게 감사한다.

2021년 9월 저자 윤재송

윤재송 수필집

나의 퀘렌시아

▸ 책머리에

## 1. 살아야 하는 이유



## 2. 그곳에 불던 바람은 지금도 그대로일까

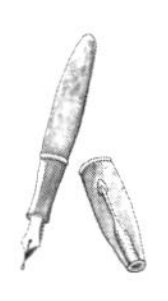

## 3. 사실보다는 진실이기를



## 4. 높아도 넘고 깊어도 건너고

## 5. 그때의 아픔들



## 6. 한 편 두 편 써가며 그날까지

# 1

# 살아야 하는 이유

# 살아야 하는 이유

"조직검사결과 악성종양으로 나왔습니다."

소화기 내과의사의 말에 나도 모르게 자리에서 벌떡 일어섰다.

"그럼 어떻게."

"수술을 받아야지요. 다행히 뿌리가 깊지 않은 것 같습니다."

의사의 말을 들으면서도 줄곧 29년 전에 받았던 위암 수술의 악몽을 떠올리고 있었다. 0기라고 했지만 위의 4분의 3을 절제했다. 상처가 주는 고통도 컸지만 문병 온 사람들마다 안타까워하며 남기고 간 말들이 내게는 더 견디기 힘들었다. 찌는 듯한 7월, 에어컨도 없던 병실에서 고통으로 신음하던 그때를 상상만 해도 끔찍스러웠다. 그런 수술을 다시 받게 된다면 차라리 그대로 죽으리라 굳게 다짐을 했었다. 수술 후 항암 치료를 받다가 회복하지 못하고 세상을 떠난 두 친구의 모습이 떠올랐다. 바짝 야윈 채 고통스러워하던 모습이 너무 안타까웠다.

이제 내 나이도 70대 중반이다. 얼마나 더 살지 모르지만 사는 날까지 살다가 가는 것이 현명할 것 같다는 생각을 했다. 그렇지만 아내에게 떠밀려 외과의사 앞에 앉았다.

"스케줄을 속히 잡겠습니다. 사흘 후에 입원하십시오."

사진을 보며 말하는 의사의 태도에 조금은 믿음이 생겼다. 수술을 받기로 결심한 나와 가족들 앞에서, 전에 수술했던 자리를 다시 하게 되므로 유착이 심하면 5시간 이상 걸릴 수도 있는데 환자의 심장이 견딜 수 있을까 우려된다는 것, 신경과 소견에는 환자에게 약간의 기억력 감퇴가 있다고 되어 있는데 마취가 깨고 나면 그것이 더 악화될 염려가 있다는 것, 재수술인 만큼 상처의 회복이 늦어질 수도 있는 어려움은 있지만 그래도 이 수술을 하겠다고 의사는 힘주어 말했다.

유착이 심해서 수술이 어려워지거나, 오랜 시간을 심장이 견뎌내지 못한다면 도중에 수술을 포기할 수도 있겠구나! 그런 위험을 안고 수술을 받아야 하나 말아야 하나, 혼란스러운 가운데도 의사의 말에 잔뜩 기대에 차 있는 아내 얼굴이 떠올랐다.

'그대로 있으면 나는 조금 더 살다 가겠지만.' 시각장애를 마다않고 나를 선택한 아내, 어려울 때 더욱 강해지던 아내, 오직 나만을 위해 살아온 아내다. 17년 동안 길러온, 늙고 쇠약해져 꼼짝 못 하는 개를 주사기로 죽을 먹이고 고통스러워할 때면 팔에 안고 어린아이 어르듯 한다. 벌써 몇 개월째인지, 그 정성이 딱할 정도다. 주위에 보살펴 줄 대상이 없어진다면 아내는…. 그래, 나는 언제까지나 아내 곁에 있어야 해.

또 한 가지가 나를 붙든다. 조상을 모신 선산이다. 아버지 돌아가신 후 나는 40여 년을 한결같이 종손으로서 바로 윗대에서 7대조까지 벌초를 하고 기제사를 모셔왔다.

먼 남쪽 해안까지 다니며 보살피기가 쉽지 않으니 서울 근교에 납골묘라도 마련해달라는 아들의 제안이 있었다. 그렇게 해서라도 아들의 짐을 덜어 줘야 하는데 300여 년을 누워계신 조상들의 유골을 불에 태운다는 것이 선뜻 용납되지 않았다. 어떤 어려움이 있어도 뿌리는 지켜야 한다는 것이 내 신념이었다. 조상이 없으면 내가 있을 수 없고, 아내의 보살핌이 없었다면 이 자리에 내가 있을 수 있을까. 아내와 조상, 이 두 가지가 살아야겠다는 내 결심을 새삼 굳게 했다. 운이 좋아 수술이 잘 된다면 다행이지만 그렇지 못하면 내 삶은 거기가 끝이 아닌가. 그래서 수술받는다는 사실을 누구에게도 알리고 싶지 않았다. 식구들의 입단속을 시키고, 소재를 알려야 할 곳에는 보름 남짓 서울을 떠난다고만 했다.

수술은 잘 끝났다. 팔월, 한더위지만 냉방이 잘 되어 더위 때문에 겪는 어려움은 없었다. 격세지감이 느껴졌다. 코로나19로 병원 안 여러 곳이 통제되어 불편했지만 빠른 회복을 위해 기를 쓰고 운동을 했다.

고통은 식사에서부터 시작되었다. 식도와 소장을 연결했으니, 한 끼를 세 번으로 나누어 꼭꼭 씹어 먹어야 한다고 회진 때마다 의사는 당부했다. 하지만 쉬운 일은 아니었다. 죽이건 밥이건 삼키다가 얹히면 삼켜지지도 뱉어지지도 않았다. 이럴 수도 저럴 수도 없어 식은땀만 흘리다가 시간이 지나야 겨우 토할 수가 있었다. 하루에도 몇 차례 그 난리를 치르고 나면 모든 것을 포기하고 싶다는 생각뿐이었다. 더 심각한 문제는 음식 맛을 완전히 잃어 식욕이 전혀 없는 것이었다. 먹은 것이 없으니 기력도 없어 서 있기조차 힘들고 어지러웠다. 빨리 회복하겠다는 의욕은 점점 사라져 갔다. 지난 일들과 자꾸만 비교가 되었다. 젊었던 그때만을 생각하며 마음만 급했기에 더욱 힘들었던 것이다.

퇴원이 기다려졌다. 퇴원만 하면 식욕이 나고 힘도 생겨 회복이 빠를 것만 같았다. 그러나 기대와는 달랐다. 밥을 생각만 해도 구토가 났다. 입맛을 돋우기 위해 정성을 다한 음식을 그대로 물릴 때면 아내에게 미안했다. 음식도 더 자주 얹혔다. 내딛는 발걸음이 후들거릴 때면 거기까지가 내 한계인가, 초조하고 불안했다. 입원 중에도 작품을 쓰고 퇴고를 되풀이해 왔는데, 회복이 늦어지자 모든 것이 귀찮고 싫어졌다. 그렇게 몸과 마음이 지쳐 힘들 때에도 '만일 당신에게 살아야 할 이유가 있다면 당신은 어떤 일이든 견뎌낼 수 있다.'는 니체의 말은 내게 큰 기댐이 되었다. 수없이 그 말을 곱씹으며 견딜 수 있었다.

세월은 내게도 약이었다. 두 달쯤 지났을까, 나도 모르는 사이, 음식에 입맛이 당기기 시작했다. 식욕과 함께 식사량이 늘었고 다리에도 힘이 생겼다. 이제 살았다는 안도감과 함께 온몸에 새로운 힘이 솟구치는 것만 같았다. 갓 태어난 아기가 세상에 나온 기쁨을 안다면 이런 기분일까! 남이야 뭐라고 하든 아무 데서나 '나는 살았다'고 외치고 싶었다.

서정주 시인의 「국화옆에서」는 소쩍새가 봄부터 그렇게 울고 천둥이 먹구름 속에서 그렇게 운 것은 꽃 한 송이를 피워내려는 절실한 바람이 그런 징후나 조짐으로 우리에게 보이는 듯하다. 그러나 꽃보다 아름답다는 사람의 생명을 죽음으로부터 소생시키는 데는 어떤 조짐이 있었다는 말을 나는 들은 적이 없다. 조짐보다는 지극한 정성, 염려로 조바심하며 소생만을 간절히 바라는 보살핌이 아닐까.

병상에 누워있던 내내 아내의 확신에 찬 눈빛과 따뜻한 손길, 병실과 병상 사이를 밤낮없이 오가며 보살펴주는 간호사들을 나는 보았다. 그들이 바라는 단 한 가지는 환자의 소생일 것이다. 신이 창조한 생명을 상처나 질병에서 소생시킬 수 있는 능력을 받은 것은 우리 인간뿐. 그래서 인간을 위대한 존재라 하지 않는가. 죽음으로부터 두 번씩이나 구원받은 나는 신과 이웃 모두에게 감사해야 하리라.

# 나의 퀘렌시아

내 삶은 항로를 벗어나고 있었다. 폭풍우가 밀어낸 것이다. 가까스로 정신을 차렸을 때는 다시 돌아갈 수 없을 만큼 시선 끝에서 멀어지고 있었다. 급상승에서 오는 현기증으로 손가락 하나 까딱할 수 없어, 생각은 환한데 어쩔 수 없었다. 이제는 영원히 이루지 못할 것인 줄 알면서도 밤마다 꿈속에서 애를 태운다.

월남전에 참전, 전투 경험도 쌓고 비행 시간도 늘려 귀국하면 전역을 하고 민간항공 조종사가 되는 것이 내 꿈이었다. 그런데 파월 직전 임무수행 중 악기류와의 조우, 그 충격으로 망막에 출혈이 생겼다. 내 인생에 불어닥친 바람의 시작이었다. 기류가 좋지 않은 때에는 하루에도 몇 번씩 등줄기가 서늘하고 오금이 저리도록 오싹함을 겪고는 했다. 그럴 때면 외줄 타기 같다는 생각을 하면서도 멀리 한 점 흰 구름에 꿈을 키워왔는데. 치료 과정으로 보아 전처럼 회복되기는 어려울 것 같다는 그 한마디가, 그때까지 내 팔에 팽팽한 긴장감을 주며 솟구쳐 오르던 연줄이 툭, 끊어지는 것 같은 울림이 심장을 쳤다. 썰렁한 겨울 들녘 어디론가 힘없이 내동댕이쳐질 연이 내 신세 같다는 생각이 들었다. 왈칵 설움이 북받쳤다.

조종석에 다시 앉고 싶다는 애타는 간절함도 소용없이 초점은 흐려만 갔다. 방문객이 가져다 놓은 책을 펼 때면 글씨가 보일 듯 보일 듯 그토록 애를 태웠다. 그때까지 한 시간 한 시간 비행시간이 쌓이는 보람 속에 키워온 꿈을, 튀어 오르는 공처럼 탄탄하던 젊음과 건강을 한꺼번에 빼앗겨 버린 박탈감에 앞뒤 가릴 수 없는 울분에 싸이기도 했다. 돌연히 불어닥친 광풍에 쑥쑥 자라던 나무 중간이 뚝 부러져 버린 것 같은 애통함을 운명이라 체념해버리기에는 내 젊은 나이가 너무 안타깝고 억울했다. 그토록 자신만만하던 나는 어디로 가고, 그 자리를 한 장애인이 지키고 있었다. 막막했다.

어떤 형태이든 장애는 동정의 대상이다. 그러나 배려와 공감이 없는 맹목적인 동정은 수치심만 유발할 뿐이었다. 전에는 그런 사람이 아니었는데. 내가 장애를 가져서인가. 기대가 실망으로 바뀔 때면 초라해진 맨몸을 드러내 보이는 것 같은 수치심에, 업신여기고 얕잡아보는 것이 아닌가 하는 모멸감에 몸이 부들부들 떨릴 때도 있었다. '타면자건唾面自乾'(남이 내 얼굴에 뱉은 침을 닦지 않고 마를 때까지 기다린다.) 글귀를 떠올리며 비굴해 보이지 않으려고 참고 또 참았다. 삶에 대한 무력감, 초조와 불안, 긴장, 뒤이은 허탈감으로 엄청난 역경의 무게에 짓눌린 나는 끝없이 추락해야만 했다. 바닥까지 드러나 버린 삶의 에너지를 다시 채우고 이전의 나로 되돌아가기 위해서는 잠시 몸과 마음을 기댈 수 있는 쉼터 같은 곳이 필요했다. 어디를 보아도 그럴만한 곳은 없었다.

다급하게 내몰린 사람들을 위해 마련된 곳이 있다. 종교적으로 소도 혹은 성역(sanctuary)이라 불리는 곳이다. 육신뿐 아니라 격려와 위로로 영혼까지 감싸주는 곳이다. 사각 링 위의 선수가 링에 둘러진 로프를 붙잡으면 잠시 상대의 공격을 피할 수 있어 숨 돌릴 틈을 얻을 수 있게 해주는 규칙도 있다. 투우를 하는 황소에게도 그런 곳이 있다. 투우사의 칼끝을 피해 기진한 힘을 회복할 수 있도록 마련된 공간, 퀘렌시아(querencia)다. 보호색으로 위장하여 순간의 위기를 모면할 수 있는 것도 동물에게 주어진 생존의 한 방법이다. 불행하게도 내게는 받아 줄 만한 장소도, 제도와 보호색 같은 것도 없었다.

그런 중에 내게 용기를 주는 친구가 있었다.

"고맙다, 친구야. 네 소식을 듣고 걱정 많이 했다. 만나면 무슨 말부터 먼저 해야 할지 오랫동안 생각했는데, 오늘 너를 보니 예전의 밝은 모습과 담담한 음성, 태도에 오히려 내가 감동받게 되어 마음이 한결 가벼웠다."

얼마나 가슴이 뭉클했던가! 어렵고 힘들 때면 곁에 있는 듯한 그 음성을 떠올리며 나 자신을 다독였다.

도스토옙스키는, 한 번 태어나는 것으로 끝나는 것이 아니라 끊임없이 태어나고 끊임없이 결정하고 끊임없이 선택하는 것이 인생이라고 했다. 옳은 말이다. 사고, 장애, 좌절, 체념, 재활의 과정을 겪으면서 나도 결정과 선택을 되풀이해야만 했다. 불행과 행복은 겉으로 드러나는 것이 아니라 내 안에 있다는 것도, 장애는 그 자체가 부끄러움이 아니라는 것도 알게 되었다. 그것들이 그때까지 밑바닥에 좌초되어 있다시피한 나를 건져 올렸다. 평생 불행할 것만 같던 내 삶도 세파에 씻기고 씻기면서 다부져 갔다.

가정이 생기고 가족이라는 울타리가 둘러지자, 방황은 끝나고 안정이 찾아왔다. 아내는 언제나 나를 격려하려 애썼다. 모든 일의 중심에 내가 있다는 것을 느끼게 해주었다. 나에 대한 주위의 관심도 새로워졌다. 그것이 내가 재활하는데 저력이 되었고 용기가 되었다. 그렇게 안정된 삶 속에서도 어딘가 늘 허전했다.

무엇 때문일까? 오래전 잃었던 내 꿈이 그때까지도 바람 속을 떠돌며 방황하고 있다는 것을 잊고 있었다. 참으로 모질고도 원망스러운 바람이었다. 이제는 그 꿈도 나와 함께 쉴 수 있도록 더 이상 바람이 일지 않는 곳, 나의 퀘렌시아로 받아들여야 할 것 같다. 누에의 나방이에게는 고치가 가장 포근한 쉼터이듯 나를 이해하고 인정하려는 아내의 마음과 정성이 나를 위한 퀘렌시아이다.

# 꽃의 위로

타워팰리스를 지나 다리 앞에서 시민의 숲이 있는 쪽으로 꺾으면 양재천 윗길이 시작된다. 벚꽃이 아름다운 터널을 이루고 있다. 꽃을 가득 달고 길 양편에 도열하듯 서 있는 벚나무들이 장관이다.

"와!" 길로 접어드는 사람들이 탄성을 지른다. 얼마 전에 왔을 때는 썰렁한 바람에 시누대 잎이 사그락거렸다. 바로 전 주에는 개나리가 지고 있었고, 벚나무의 꽃망울을 보았는데, 며칠 사이 이렇게 만개할 줄이야.

중국 우한에서 시작된 코로나19, 쓰나미가 덮치듯 삽시간에 밀려들었다. 비교적 잘 대처한다는 우리나라도 갑작스런 감염의 확산으로 인명 피해가 늘어가고 있다. 당국은 감염을 차단하기 위하여 '사회적 거리두기, 외출 자제, 마스크 착용'을 강도 높게 권고해 왔다. 반가운 사람과 만나면 덥석 손을 잡고 흔들거나 악수를 하며 반가움을 표시하는 것이 우리의 문화다.

"인사만 하세요. 지금은 그렇게 하는 것이 상대방을 위한 배려예요."

아내의 충고에도 지인을 만나면 손부터 내밀게 된다. '물리적 거리는 유지하면서 마음은 더 가까이'라는 구호도 습관이 안 된 내게는 공연히 가까운 사이만 멀게 할 뿐 썩 내키지가 않는다. 이 사태가 언제 끝날지. 붐비던 거리가 썰물 빠지듯 가슴 한구석이 허전하다.

눈덩이처럼 불어만 가는 국내외의 감염 확진자, 사망자의 숫자만 되풀이해서 보고 있자니 얼마나 불안하고, 우울하고, 갑갑했을까. 갇혀 있다시피 TV 앞만 지키던 사람들이 가까운 이곳으로 모여들었다. 바람을 쐬고 싶기도 하고, 꽃소식도 궁금했을 것이다. 마스크를 쓴 채, 끼리끼리 웃고 얘기를 나누며 걷는 소리를 들으며 저것이 자유인가, 나도 발걸음이 가볍다.

양재천은 도시 안에서 철 따라 바뀌는 자연의 변화를 생생하게 볼 수 있을 뿐 아니라 산책, 운동, 공연 등 다목적으로 활용되는 곳이다. 개천에 얼음이 녹으면서 어디서 왔는지 오리들이 자맥질을 한다. 잎이 피기 시작한 산책로 나무들 사이에서는 귀에 익은 새들의 지저귐이 상쾌하다. 개천을 따라 걷노라면 푸른 벼가 자라고 있는 자그마한 논도, 물놀이장도 보인다. 이곳에 사는 너구리가 새끼들을 몰고 우리 아파트 놀이터에 나타난 적도 있었다. 널찍한 다리 밑에서는 각종 공연이 열린다. 지난 30여 년을 양재천은 내게 갖가지 추억을 만들어 주었다. 추운 계절이면 추운 대로, 무더운 날씨에는 시원한 다리 밑 벤치에서 쉬어가며 걸을 수 있게 해준 곳이다.

최근 이곳에 '주말에는 통행을 금한다'는 조치가 내려졌다. 거리두기가 잘 지켜지지 않아 감염 확산이 우려되기 때문이다. 그렇게 좋아들 하던데…. 꽃길을 걸으며 즐거워하던 사람들이 떠올라 안타깝다.

서양으로 확산된 코로나19는 상상조차 안 될 만큼 많은 사람의 목숨을 빼앗고 중동, 아프리카에 이르는 지구 구석구석까지 퍼지며 큰 피해를 내고 있다. 그 여파로 수많은 기업, 공장들이 문을 닫게 되고 세계 노동자의 절반 이상이 생계를 이어갈 수 없는 상황에 놓이게 될 것이라고 한다. 사람들은 경제공황이 우려되어 불안해하고 있다. 전쟁을 겪었고, 외환 위기를 견뎠으며 몇 차례 정변을 보아온 내게는 그러한 우려가 공감이 간다.

신의 섭리로 창조되었고 질서와 조화로 지금껏 이어온 세상이 눈에 보이지도 않는 바이러스에 의해 삽시간에 무너지고 있는 작금의 이 혼란, 걷잡을 수 없는 불안감 속에 모두가 코로나 19 이후에 올 세상 변화, 특히 경제의 변화에 더 예민하게 촉각을 세우는 듯싶다. 온갖 부정적인 뉴스에 더하여 엘리베이터에서 대하는 이웃들과도 서로 의식적으로 눈길을 피해야 하는 부담감으로 정신적 심리적으로 불안하고 피곤하다.

축복받으며 태어났기에, 축복 속에 떠나는 것이 인간이다. 장례식장에 화환을 보내고, 관 위에 꽃을 던지는 것은, 수고하며 살아온 망자의 삶을 기억하고 영원한 이별을 위로하려는 행위다. 뒤늦게 코로나가 퍼지기 시작한 유럽과 미국에서는 한꺼번에 수천 명씩 목숨을 잃는다는 뉴스가 연일 이어지고 있다. 이대로라면 얼마 안 가서 지구가 텅 비어버릴 것만 같아 등줄기가 서늘하다. 죽음을 끝이 아닌 새로운 시작이라 한다지만 이 죽음은 세계 어느 전쟁보다 참혹한 파괴요, 종말이다. 더구나 꽃 한 송이의 위로도 받지 못한 채 한꺼번에 세상을 떴을 영혼들을 생각하면 참으로 안타깝고 가슴 아픈 일이 아닐 수 없다.

'나는 괜찮을 거야, 지금까지도 아무 일 없었으니까.' 시시각각 들려오는 비장하리만치 무겁고 어두운 소식에도, 나 자신을 안심시킨다.

'사람은 누구나 자신의 죽음을 믿으려 하지 않는다. 무의식

속에서 불멸을 확신할 뿐이다.'

프로이드가 한 말이다. 함께하고 싶은 이웃들과 꽃이 만발한 자연 속을 거닐며 잠시라도 마음을 터놓을 곳이 있어 얼마나 다행한 일인가. 더구나 규제가 풀리지 않아 얼마간의 조바심 속에서 갖는 시간이기에 쾌감은 더 짜릿하다.

통행이 뜸해진 거리만 걷다가 이곳에서 많은 사람들이 걷기도 하고 중간중간 벤치에 앉아 나누는 왁자지껄한 소리에 '사람이 없다면 천국조차 갈 곳이 못 된다.'는 레바논 속담이 떠오른다. 은은한 꽃향기 속에 사람들이 모여 있는 이곳의 나도 반쯤은 천국에 있는 것이 아닌가 하는 생각을 해본다. 코로나19로 한꺼번에 목숨을 잃은 영혼들이 이곳을 지나며 부디, 한껏 꽃들의 위로를 받고 가기를 빌어본다.

# 나는 다시 또 시력을 잃는 것일까

아내의 짜증 섞인 목소리가 전에 없이 크다.

"귀신이 곡할 일이네, 여기 둔 것이 어디 갔지? 시간은 다 되어 가는데, 눈은 잘 안 보이고 어떻게 하나."

부스럭대며 식탁 한쪽에 놓여있던 원고 무더기를 뒤지던 아내가 이번에는 소파와 테이블 주위를 찾는 것 같다.

내가 쓴 작품을 수필반에 가지고 가서 아내가 대신 읽는다. 그런데 그것을 찾지 못하고 있는 것이다. 도와줄 수 없어 안타까운 생각보다는 잘 보이지 않는다는 아내의 말에 정신이 번쩍 들었다. 이게 무슨 소린가. 요즘 운전도 곧잘 하기에 시력이 잘 회복된 줄 알았는데. 내 걱정이 앞선다. 그도 그럴 것이 지금껏 나는 아내의 눈으로 살아왔고 앞으로도 그럴 것이기 때문이다.

재작년 초 아내는 오른쪽 망막 황반부에 이상이 생겨 수술을 받았다. 6개월 후에는 그 후유증으로 백내장 수술까지 받았다. 수술이 잘 되어 시력에는 더 이상 문제가 없을 것이라는 의사의 진단이 나올 때까지, 아내의 눈에 문제가 없기만을 얼마나 빌고 또 빌었던가. 아내는 나를 위해 살아온 사람이기에 눈만큼은 누구보다 건강할 것이라는 확신 같은 것을 갖고 있었다. 잘 보이지 않는 것이 아니라 두었던 곳을 잠시 기억하지 못한 것이겠지 생각해본다. 그러자 부인이 치매에 걸려 간병하느라 고생하는 내 친구와 치매로 초등학교 모임에 나오지 못하고 있는 여자 동창의 일로 안타까워하던 일이 떠올랐다. 그것은 더 큰일일 것만 같았다.

나는 군 항공에서 비행 임무를 수행하던 중 실명했다. 아직 푸르름이 가시지도 않은 안타까운 젊음과 함께 부푼 꿈, 무한한 가능성을 다 잃어버리는 아픔을 맛보았다. 우두커니 앉아 있을 수밖에 없는 내게 어머니는 정성을 다 쏟았다. 매일같이 산책을 함께 해주었다. 낮에는 신문을, 밤이면 내가 들을 수 있도록 큰 소리로 성경 구절도 읽어주셨다. 무릎이 닳도록 나를 위해 기도해 주신 덕분에 내 머릿속은 한순간도 멍하게 비어 있지 않았다. 주변의 것들을 생각하며 자신과의 대화를 이어올 수 있었다.

결혼한 후로는 아내가 그 일을 맡아 해왔다. 재활을 위한 기관, 사회단체, 봉사단체는 물론, 각종 모임 등으로 오늘까지 내 삶을 이끌었다. 붙잡고 다니던 팔꿈치가 닳는 것이라면 아내의 팔꿈치는 이미 없어졌을지도 모른다. 40년이 넘는 세월 동안 아내는 그렇게 내 눈 노릇을 해왔다. 결혼 초 익숙지 않은 농사일에도 항상 앞장을 섰다. 힘들여 지은 농산물을 가득 실은 손수레를 아내는 끌고 나는 밀며 장터를 드나들었다. 그런 우리를 곱게 보아주는 눈길들이 있어 힘이 났고 젊음이 있어 행복했다.

하늘의 뜻을 알 나이가 되기도 전에 설상가상의 고난이 내게 닥쳐왔다. 위암 진단을 받은 것이다. 어린 자식들과 살아갈 준비도 채 못했는데 돌아갈 길을 서둘게 된 것이다. 평범한 삶도 제대로 살아보지 못한 아내를 생각하면 더 기가 막혔다. 수술실로 실려 가는 차디찬 내 발등을 어루만지던 아내의 손길에서 간절한 소원을 들을 수 있었다. 아직도 내게 해야 할 봉사가 더 남아 있다는 아내의 기도가 받아들여진 것인가! 아내의 바람으로 다시 일어설 수 있었다. 끝이 빤히 보이는 길을 무엇 때문에 나를 선택해서 아내는 저 고생을 겪을까. 그런 생각이 들 때마다 내가 선녀 옷을 훔친 나무꾼 같다는 생각을 한다.

내가 직장에 나가는 동안 아내는 아침 식사와 출근 준비를 서둘렀다. 미처 마시지 못한 모닝커피를 가져와 운전하면서 내밀곤 했다. 사무실로 올라가는 승강기 단추를 누른 후에야 안심한 듯 돌아서곤 했다. 글을 써 보겠다는 나를 위하여 언제나 사전과 옥편을 찾아주던 아내였다. 또랑또랑한 목소리로 신문과 책을 읽어주는, 그런 아내의 눈으로 오늘을 살아왔는데. 지금도 내 마음속에는 처음 만났던 단발머리의 학생 그대로인데. 사람들은 무슨 심술인지 아내의 흰 머리카락이 보기에 좋단다.

언제였던가, 애들을 일찍 재우고 우리는 집을 나섰다. 여름 밤하늘에 무수히 반짝이는 별빛을 가로등 삼아, 와글대는 개구리 소리를 음악으로 들으며 들길로 접어들었다. 손을 꼭 잡고 걷는 우리의 뒷모습이 보기에 좋았던지 뒤따라오던 한 할머니의 음성이 들렸다.

"나도 저런 때가 있었는데…."

"할머니가 나의 앞모습을 보지 않아야 할 텐데."

모처럼 아내와 걷던 그 정겨운 순간에도 마음 졸였던 기억이 생생하다. 우리도 분명 그런 때가 있었는데….

아내의 눈이 잘 보이지 않는다고 한다. 아니 나의 눈이 잘 보이지 않는 것이다.

# 잠깐만

한국인은 성격이 급해 무슨 일이든 빨리빨리 한다는 것이 일반적인 평이라고 한다. 우리는 어릴 때부터 그것이 습관이 되어 별다른 느낌이 없지만 서두르다 잘못되지 않을까 하는 염려는 있다.

이곳에 이사 왔을 때만 해도 백화점 맞은편 골목은 빌라들이 늘어선 주택가였다. 그런데 몇 년 사이에 15층 이상의 건물들이 시새우듯 들어서면서 볼 때마다 바뀌는 거리 모습에 놀랍기만 하다.

바르셀로나에 있는 사그라다 파밀리아성당, 가우디가 설계한 성가족성당은 1882년에 건축을 시작하여 가우디 사망 100주년이 되는 2026년에 완공할 것이라고 한다. 오래전 그곳을 찾았을 때도 공사가 한창이었던 것을 기억한다. 그 성당을 짓는데

144년의 세월이 걸리게 되는 것이다. 그 나라 사람들은 아침을 보통 10시에서 11시 사이에, 저녁을 밤 9시에서 늦으면 11시까지 먹는다고 하니 새벽같이 출근하여 정해진 시간에 퇴근하는 우리와는 다르게 여유가 있어 보였다.

우리는 123층짜리 제2롯데월드를 불과 5~6년 사이에 뚝딱 지어낼 정도의 빠른 솜씨를 보였다. 뿐만이 아니다. 도시를 관통하는 넓은 도로들이 날만 새면 개통되는 것 같고 지하철 노선도 해마다 늘어간다. 서울은 세계에서 손꼽히는 대도시로 발전했고 인천공항은 세계 제1의 국제공항이 되었다.

반도체산업, 자동차산업이 세계 상위에 올라있고 조선산업도 중위권에 진입해 있다. 코로나19의 엄중한 상황 아래서도 우리의 경제성장은 꾸준한 편이며 영세업은 어려움을 겪는다지만 대부분의 기업들은 꿋꿋하게 이겨내는 것 같다. 국민소득 3만 불로 우리 경제가, 국방력이 탄탄하여 그만큼 국격도 높아졌다고 너도나도 선진 국민임을 은근히 자부한다.

"그럴까?"

초고령화 사회로 진입하여 노인 인구는 급속도로 증가하고 출산율은 OECD 국가 중 최하위다. 삶에 대한 만족도도 방글라데시나 인도네시아보다 뒤진다. 또 양극화문제, 청년실업문제는 얼마나 심각한가. 게다가 자살 공화국이라고 불릴 만큼 자살

률 또한 세계 최고다. 자살로 죽는 숫자가 교통사고로 죽는 사람의 숫자를 훨씬 웃돈다고 한다.

수능 때가 되면 수능 성적이 좋지 않아 투신하고, 젊은이들은 구직난에 목숨을 버린다. 스토킹이다 인터넷 괴롭힘이다 하여 추문 염문 등으로 유명 연예인들의 자살이 도미노처럼 번지더니 근래에는 유력 정치인 고위관료가 투신하거나 목을 매는 일이 잦다. 남녀노소 가릴 것 없이 잠시도 고통을 견디지 못하는 듯하다. 평소에 신앙, 신념, 사랑, 우정 등 긍정적 정서의 함양도 필요하지만 고통의 순간이나 갑작스런 분노에서 잠깐 생각할 수 있는 여유를 갖는 것이 우선일 것 같다.

생각은 사람을 지배하고 행동을 변화시킨다.

프로이트는 '생각은 엔진이고 감정은 가솔린이다.'라고 했다. 가솔린은 평범한 액체에 지나지 않지만 점화가 되면 무시무시한 힘을 내뿜는다. 감정도 거의 존재감이 없다가 느닷없이 터져나오는 속성을 지니고 있다. 고통을 견디다 못해 선택하는 방법이 극단적인 행위로 이어져야만 하는가.

불경에 나오는 '맹귀우목盲龜遇木'이라는 말이 있다. 바다 한가운데 물결 따라 떠다니는, 가운데에 구멍이 뚫린 널빤지가 하나 있었다. 그 바닷속에는 오백 년마다 한 번씩 물 위로 떠오르는 눈먼 거북이 한 마리가 살고 있는데 거북이가 떠오를 때 때맞

추어 널빤지 구멍을 통해 거북이가 그 위에 올라앉을 만큼 우연의 일치가 이루어져야 비로소 한 생명이 태어날 수 있다는 것이다. 그렇게 어렵게 받은 생명을 우리는 쉽게 쉽게 버리고 있다.

하는 일마다 실패하여 많은 빚을 지게 된 사람이 있었다. 빚 독촉은 심하고 살길은 막막하고 생각다 못한 그는 죽기로 결심하고 산을 올랐다. 목을 매기에 적당한 굵기의 나뭇가지를 발견하고 준비해온 새끼줄을 매려는데 저쪽 나무 밑에 희끄무레한 것이 보였다. 가까이 가서 보니 웬 스님이 바랑을 곁에 놓고 자고 있었다. 그는 스님에게 좋은 말 한마디라도 듣고 죽어야겠다고 스님을 깨우기 시작했다. 두세 번 깨우자 스님은 귀찮다는 듯 일어나 주섬주섬 바랑을 메고는 '호보연자심조불산'라고 혼잣말처럼 중얼거리더니 휙 하고 산을 내려가 버렸다.

스님이 분명 내게 남긴 말일 텐데, 그 말뜻을 알고나 죽자고 생각한 그는 다시 산을 내려와 스님이 중얼대던 말을 물었으나 아는 사람이 없었다. 그러는 사이 일자리도 생기고 돈을 벌어 빚도 갚게 되었다. 얼마 후 스님 생각에 다시 그 산으로 갔다. 스님이 누웠던 자리에 누워 하늘을 보며 지난날을 생각했다.

스님은 어느 절에서 불공 중일까. 스님이 남긴 그 말뜻은 무엇일까. 스님을 생각하며 일어나려는데 앞산 중턱에 쓰여있는 글씨가 눈에 들어왔다. '산불조심자연보호'였다. 무심코 그것을 다시 거꾸로 읽다가 무릎을 탁 쳤다. '호보연자심조불산'이 바로 저기 있네!

저 표지판 글이 나를 살렸구나. 그 순간 그 자리를 잠깐 피할 수 있도록 스님을 보내주신 부처님의 대자대비였구나!

살아오면서 우리가 항상 가슴속에 지녀야 할 말은, '잠시 화를 참으면 백날 근심을 면한다.(인일시지분 면백일지우 忍一時之忿 免百日之憂)'를 한마디로 줄인 것이 '잠깐만'이다.

# 오붓한 나들이

코로나19 때문에 외출도, 반가운 사람들과 음식을 나누는 일도 쉽지 않은 때라 집 안에서만 지내다 보니 답답했다. 미세먼지도, 황사도 없어 오랜만에 나들이가 어떠냐고 딸이 제안했다. 점심 식사를 끝낸 후, 아내와 나는 딸과 함께 나섰다. 목적지는 지하철로 10여 분 거리인 서울숲이다.

숲 입구로 들어서자, 길 양편이 피어 있는 꽃들로 가득하다. 막혔던 가슴이 탁 트인다. 색색별로 심어진 축제의 여왕 튤립이 우리를 환영했다. 잘 가꾸어진 꽃들에 탄성이 절로 나왔다.

작년 이맘때 벚꽃 터널을 이루었던 양재천 생각이 났다. 그곳에 나온 시민들은 코로나의 걱정은 잠시 잊은 채 꽃구경에 여념이 없었다. 나도 벚꽃 향기가 좋아 그곳을 아내와 자주 걸었고, 군데군데 놓인 벤치에 앉아 준비해온 커피와 빵을 먹는 것도 소소한 즐거움 중의 하나였다. 하지만 점차 감염이 확산되어 세계적으로는 하루에도 수만 명씩 사망한다는 뉴스가 연일 보도되며, 걱정과 불안에 갈 곳 없는 시민들은 양재천으로만 나오는 것 같았다. 급기야 당국은 산책로 출입 자체를 금지시키고 말았다. 놀란 나는 가까이 살면서도 그 이후로는 양재천을 다시 찾지 않았던 것이 지금에야 생각이 났다.

한쪽에서는 나이 지긋한 분들이 기합 소리를 내며 게이트볼을 열심히 치고 있었다. 내가 장애가 없다면 아내와 저렇게 운동을 즐길 수 있을 텐데. 아내는 저 장면이 얼마나 부러울까 하는 생각에 얼른 그곳을 지나쳤다. 아파트 단지 내에서도 부부들이 배드민턴을 치고 있으면 언제나 아내에게 미안했다. 장시간 운전으로 피곤해할 때면 곁에 앉은 나는 작아져만 갔다.

반팔 티셔츠에 걸쳐 입은 카디건 사이로 스미는 바람이 상쾌하다. 올려다보는 하늘도 나무들도 봄빛으로 가득한데, 발밑의 낙엽 부스러기가 추억의 빛이 되어 마음을 끈다. 재작년 가을, 수필 동인들과 이곳에 왔던 때가 생각난다. 호수 가까이에 자리를 잡고 앉아 시를 낭송하고 수필 이야기를 나눴다. 어느 동인의 냉장고를 지킨 철 지난 귤의 맛도 기억에 짙게 남아 있다.

희끗희끗한 머리카락을 바람에 내맡기고 떨리는 음성으로 한 곡씩 노래를 뽑던 그 자리가 엊그제 같은데, 언제 그런 만남이 또 이뤄질 수 있을까. 끝을 알 수 없는 이런 불안감 속에서도 어딘가 조금은 비어 있기에 그 틈새를 통해 낭만도 추억도 잠시 그려볼 수 있어 얼마나 다행인가.

딸의 보폭에 맞춰 내 걸음도 빨라진다. 숲 안의 모든 것들을 있는 그대로 보여주려 애쓰는 딸이 고맙다. 바람결에 수양버들의 홀씨가 마스크 밖으로 드러난 얼굴을 간질이지만 싫지가 않다. 작은 멧새가 톡톡 튀듯이 나뭇가지 사이를 옮겨 다니며 무언가 쪼아대고 직박구리도 요란스레 소리를 낸다. 추임새라도 넣듯 가끔 까마귀의 울음소리도 어우러진다. 정적을 깨지 않으려는 듯 앰뷸런스도 사이렌을 줄이며 지나는 것 같은데 헬리콥터의 회전날개 소리가 밉살스럽게 그런 분위기를 몽땅 깨고 날아간다.

호수 쪽 한편을 노랑과 빨강으로 장식한 튤립을 보며 '붉은 댕기 다홍치마 섬섬옥수로….' 노래 가사가 저절로 읊조려진다. 예전에 설 명절이 되면, 소녀들은 설빔으로 붉은 치마에 노란 저고리를 입었다. 그때의 이쁜 소녀들이 곁에 와 있는 듯하다. 군데군데 작약도 꽃을 피우려고 부드러운 몽우리를 내밀고 있다.

호수 주위를 두어 바퀴 더 돌고 나서 우리는 카페로 향했다. 카페 앞 벤치에는 삼삼오오 앉아서 말들을 쏟아내고 있다. 코로나로 인한 우울증을 저렇게들 해소하는가. 모두가 마스크를 썼지만 주변에 앉기가 불안해서 카페 안으로 들어갔다. 커피향이 배어있는 분위기가 더 아늑한 것 같다. 줄곧 걸어서인지 푹신한 쿠션의 감촉에 커피 맛이 더 좋았다. 새소리가 들리는 곳에서 마시는 커피는 그 향과 맛을 더욱 짙게 내는 것 같다.

가족들이 언제까지나 곁에 있으리라 생각하지 말고 함께 있을 때 그 소중함을 알라는 말이 생각난다. 언제 나는 이 나이가 되어 버렸을까. 오늘따라 여정의 종착역 가까이 이른 나 자신이 안타깝다. 주어진 삶을 여백 없이 채우며 살아왔다는 생각에 후회 같은 것은 없다. 다만 힘들고 어렵게 살았기에, 남편 노릇 아비 노릇 제대로 못 했던 것은 사실이다. 앞으로는 아내의 마음이 편하고 자식들이 열심히 살기를 바랄 뿐이다. 다들 무엇인가 남겨주어야 속이 후련하고 보람 같은 것을 느낀다는데, 나는 나와 아내의 고생했던 얘기가 실린 수필집 한 권밖에 특별하게 남길 만한 것이 없다.

어느 종교에서는 사람이 세상을 떠나는 것을 선종이라고 표현한다. 한 세상을 착하게 살다가 마쳤다는 뜻이리라. 사람들은 삶을 이 세상에 잠깐 나들이 왔거나 휴가를 왔다가 돌아가는 것쯤으로 여긴다. 세상에 와 있는 동안 힘들지만 어려운 이웃들과 서로 돕고 사랑하며 살다가 돌아가는 것이 선종이 아닐까.

나는 오늘 봄 향기 가득한 숲에서, 아름다운 꽃과 나무들에 싸여 기지개를 마음껏 폈다. 잠깐이지만, 함께 글을 쓰던 동인들을 떠올리기도 했다. 또 사랑하는 가족과 좋아하는 커피향에 한껏 취하기도 했다. 이제 집으로 돌아가면 온갖 자연과 함께한 오붓한 나들이가 끝날 것이다. 이 세상 나들이도 오늘만 같다면 얼마나 좋을까.

# 2

# 그곳에 불던 바람은 지금도 그대로일까

# 구세배

나무 위에서 까치 두 마리가 깍깍거린다. 우물가에서 물기를 뺀 생선을 바구니에 담아 부엌으로 가던 어머니의 모습이 떠오른다. 세밑이 다가오면 어머니는 바빠졌다. 먼저 식구들의 입성부터 살펴야 한다. 아버지의 한복과 두루마기는 빨아서 손질해야 하고, 새로 마련해야 할 설빔까지. 날짜를 꼽아보고 생선도 말릴 것과 절일 것 등 미리 준비한다. 좁쌀로 조청을 고고, 오래 두어도 좋을 강정, 다식을 먼저 누른다. 약과와 유과도 튀겨 석작에 담아 대청 선반에 올린다.

농사일을 마치고 돌아갔던 큰 일꾼, 작은 일꾼이 기별을 받고 떡을 치러 온다. 그날은 하루 종일 돌절구에 떡 메질하는 소리가 처마 끝의 양철 차양을 쿵쿵 울려 우렛소리 같다. 번갈아 친 떡을 떡판에 올려놓으면 어머니는 참기름을 바른 손으로 식기 전에 길게 길게 늘여 만든 가래떡을 채반에 담는다. 그 일은 부엌 누나가 외려 어머니보다 선수 같다. 찰떡까지 다 치고 나서야 일꾼들은 일 년에 한 벌 해주는 솜 넣은 무명 한복을 받아 돌아간다.

어머니는 용수에서 청주를 먼저 뜨고 세배꾼 대접할 술을 걸러둔다. 나물을 삶고 시루떡에 곁들일 무나물과 콩나물 국물이 든 동이를 대청 구석 백김치 동이 곁에 나란히 세워둔다. 차례상에 올릴 조율이시 과일들을 살펴보고 식혜가 잘 되었는지 맛을 본다. 밤이 이슥하도록 가래떡을 썬다.

섣달그믐날은 어머니가 온종일 바쁜 날이다. 아침부터 전을 지지고 생선을 굽고 찌는 사이 짧은 해는 넘어간다. 그때부터 손이란 손은 몽땅 필요한 시간이다. 뒷방에 가마니를 깔고 놋그릇 닦기가 시작된다. 볏짚에 기와 가루를 묻혀 닦는데 애벌닦기와 두 번 닦기가 끝난 그릇을 깨끗한 볏짚으로 세 번 닦기까지 끝내야 반짝반짝 빛이 난다.

저녁을 먹고 나면 가까운 일가들이 구세배를 온다. 사랑에 먼저 들러 안방으로 건너오면 술과 간단한 다과로 어머니가 맞는다. 세배를 온 사람들도, 어머니도 입던 차림 그대로다. 농사

얘기, 사는 얘기, 건강 얘기가 고작이지만, 섣달 그믐밤 구세배는 그렇게 정겹고 허물없던 자리 같았다. 어려서부터 어머니와 함께 설날 추억을 쌓아왔기에 그런 일들이 기억 속에 훤하다.

사람들이 돌아가면 준비해 둔 음식들을 살펴보고서야 어머니는 눈을 붙인다. 아침 차례가 끝나기가 무섭게 들이닥치는 세배꾼들을 대접해야 하기 때문이다. 점심때가 되면 또 떡국을 쑤어 내야한다. 설 세배는 초사흘 넘어서까지 계속된다. 일이 힘겨울 때면 딸들을 먼저 떠나보낸 신세 한탄을 하신다. 아들들은 양말 한 짝 빨아 신지 않고 아무리 바빠도 마루 한 번 훔쳐주지 않는다는 푸념도 함께. 부엌 누나가 있긴 해도 어느 것 하나 당신 마음에 들게 일을 끝맺지 못한다. 그나마 막둥이인 내가 가끔 물도 길어 나르고 부엌에 나뭇단도 채워 넣고 마루를 닦는 정도다. 집안 여인네들의 세배는 정월 초닷새 이후부터 보름 가까이 드문드문 이어지기도 한다. 그것이 80여 호가 넘는 일가들이 살던 고향마을의 음력 정월 풍습이었고 어머니 삶의 일부 모습이었다.

어느 해였던가 그날 밤도 구세배 온 사람들과 이런저런 얘기를 나누던 어머니가 마루 끝에서 전송하던 소리까지 들었다. 갑자기 밖이 소란스러워지고 이 방 저 방에서 식구들이 뛰어나왔다. 사립 곁 잿간에서 지붕 위로 불꽃과 연기가 피어오르는 것을 세배 끝나고 돌아가던 사람들이 보고 알린 것이다. 우물이 가까워 쉽게 불길을 잡을 수는 있었지만 가까이 쌓아 둔 굵은 목재에 옮겨붙었다면 큰 화재가 될 뻔했다. 볏짚을 태운 재는 속에 불씨가 남아 있기가 십상이다. 손을 넣어 확인하라고 어머니는 밥 먹듯이 일렀지만 그날도 부엌 누나는 소홀히 한 것이다. 시간이 지나면서 잔불이 일어 천장으로 옮겨붙은 것이었다. 불이라는 소리에 어머니는 뛰어나가다가 다리에 힘이 빠져 하마터면 마루에서 마당으로 구를 뻔했다. 그래도 그만했던 것은 구세배 덕분이었다는 얘기를 섣달 그믐밤이면 어머니는 잊지 않고 꺼내시곤 했다. 어머니는 외며느리이기에 매달 지내다시피 기제사를 혼자서 준비하면서도 농사일, 길쌈에 소홀하지 않았다.

"그렇게 속 썩이더니 지금은 어디서 잘 사는지." 가끔은 부엌 누나 생각도 하시던 어머니.

나무 사이로 보이는 하늘을 향해 나직이 혼잣말을 해 본다.

'어머니 오늘이 섣달 그믐날인데 그곳은 바쁘지 않지요? 우리는 아파트에 살기에 오늘 구세배도, 내일 세배도 올 사람이 없답니다. 그래서 어머니처럼 바쁘지도 않고요. 설날이나 특별한 때면 어머니 눈에 눈물 고이게 하던 누님들과는 자주 만나시지요? 부디 편히 계셔요.'

# 디딜방앗간 카페

고향 마을에 열었다는 카페를 찾았다. 그동안 골목길들이 새로 생겨 오래전 기억만으로는 쉽지 않았다. 몇 번씩이나 방향을 바꾼 뒤에야 가까스로 찾을 수 있었다. 철들 무렵, 자주 다니던 곳인데 마당이 주차장으로 바뀌어 있어 전혀 딴 곳 같았다. 본채인 한옥 가까이에 카페 간판이 걸린 낯선 건물이 서 있었다. 예고 없이 찾아든 우리 부부를 카페 주인인 친구 부인이 반갑게 맞아주었다.

친구가 세상을 떠난 후 시골로 내려가 산다는 소식은 오래전에 들었다. 그와의 우정을 생각하면 진작 와봤어야 했는데. 혼자서 힘들지 않느냐는 내 말에, 친구들과 지인들이 관심을 가지고 찾아주어 아직은 괜찮다고 대답했다. 시골 생활이 무료해서 이 일을 시작했다는데, 손님도 적당히 있고 그 정도면 다행이다 싶었다.

선조의 유물관과 다수의 문화재, 수백 년 된 종택이 바로 곁에 있어 마을을 찾는 관광객이 늘어 간다니 다소 안심이 되었다. 넓지 않은 카페 안이 아늑하게 꾸며져 찾는 이들에게 사랑방 같은 포근함을 줄 것 같았다. 차를 마시면서 그동안 친구와 있었던 여러 가지 일들을 추억담으로 나눴다. 지나간 일들이 필름 풀리듯 확대되었다가 사라지기를 반복했다.

내가 수도통합병원에 입원해 있을 때였다. 먼 길을 친구가 문병을 왔다. 등나무 그늘 밑에서 점심을 먹으며 그동안 쌓인 얘기를 나누고 있었다. 갑자기 사이렌 소리와 함께 실미도 사건의 사상자들을 실은 구급차들이 줄지어 들이닥쳤다. 병원은 초비상이 걸렸다. 우리는 혼비백산하여 헤어진 후, 여러 가지 사정으로 상당 기간 만나지 못했다. 다행히 그가 세상을 떠나기 전 몇 년 동안은 자주 만나 마음을 터놓고 서로를 이해하는 깊은 교류를 할 수 있었다. 그 순간들이 그렇게 소중하고 흐뭇할 수가 없었다. 어느결에 우리는 인생의 상급생이 되어버렸다. 친구는 먼저 갔지만, 다시 만나도 우리는 변함없으리라.

카페가 들어앉은 이곳이 오래전의 디딜방앗간 자리 같다는 말을 하자

"맞아요. 저도 그렇게 들었어요. 어떻게 그것까지 기억하세요." 했다. 그때 다니면서 보았던 디딜방아가 이미 뜯어진 채로 벽에 기대어 있었던 것 같다.

'디딜방앗간 자리에 카페라. 흠!' 왠지 잘 될 것 같은 생각이 들었다.

윗마을에는 그곳에, 아랫마을에는 우리집에 디딜방아가 있었다. 우리집 방앗간은 헛간 맨 끝, 우물곁 자리였다. 많은 곡식은 소달구지나 마차에 실려 물레방앗간이나 읍내 정미소로 갔다. 얼마 안 되는 곡식이나 허드레 방앗감은 가까운 디딜방아를 찾았다.

보릿고개를 견디지 못한 가정은 아직 푸른 보리를 삶아 말린 것을 방앗간으로 가지고 왔다. 그렇게 찧은 청맥으로 밥을 짓거나 죽을 쑤어 끼니를 때웠다. 가을이면 허수아비가 들판에 서기도 전, 일찍 조상의 제사가 있는 농가는 벼를 삶아 말려 올벼쌀을 만들었다. 나는 보리 냄새 짙은 청맥 방아도, 우물에 갈 때마다 매운 냄새가 나는 고추 방아도 싫었다. 내가 기다려지는 것은 씹을수록 쫀득쫀득하고 고소한 올벼쌀 방아였다.

"막둥아, 이거 올벼쌀이다. 두고 묵어라."

마을 아주머니들은 방아를 다 찧고 가면서 표주박에 담아 주곤 했다.

디딜방아는 대개 두 사람이 발판을 밟아가며 찧는다. 한 사람은 돌확 곁에 앉아 방앗공이가 머리를 치켜들 때마다 돌확에 든 곡식이 잘 찧어지도록 방앗공이 앞으로 모으는 주걱질을 한다.

'삐꺼덕 쿵 삐꺼덕 쿵'

어레미나 채로 쭉정이나 껍질은 걸러 버리고 알곡은 다시 넣고 찧기를 되풀이하여 뉘가 없어야 방아 찧기는 끝난다. 방아는 들일을 할 수 없는 궂은 날 찧기가 일쑤였다. 몇 집이 같은 방앗감으로 함께 어우른다. 구성진 노랫소리가 나오기도 하지만 처마 끝에서 떨어지는 낙숫물이 시집살이의 푸념, 삶의 고달픔 등 마음을 처연하게 하여 콧물, 눈물을 짓게도 한다. 라디오 청취가 쉽지 않을 때, 들일을 하거나 방아를 찧거나 마실에 가야 세상 소식 이웃 소문을 들을 수 있었다.

세상인심은 남의 흉허물에 더 관심이 크다. 말끝에 이웃 부부싸움, 아주머니들의 무릎맞춤이 벌어진다. 바쁜 어머니는 방아 곁에 가보지도 못했는데 우리 방앗간에서 난 소문이라고 어머니가 오해 받는 일도 종종 있었다. 발로만 찧어야 할 방아를 입으로 찧으니 시끄러울 수밖에. 방아를 찧고 삯을 내는 일은 없었다. 그저 수수비로 방앗간이나 깨끗이 쓸어 놓고 가면 되었다. 뒷일은 참새들이 알아서 했다. 돌확 틈 사이에 낀 알갱이들까지 깨끗이 쪼아먹고 갔다. 방앗간은 먹을 것이 있으나 없으나 참새들이 들러가는 곳이다.

전쟁으로 시끄러운 가운데 마을에 발동기가 들어왔다. 그때까지 디딜방아가 하던 모든 일을 손쉽게 해결해주었다. 우리 디딜방아도 무용지물이 되어 뜯긴 채 한동안 방앗간 벽을 의지하는 신세가 되었다. 오래전 헛간을 허물었다. 돌확이 묻혔던 자리에 비파나무를 심었다. 고향 집에 들러 그 나무를 만져 보았더니 밑동이 어린아이 장딴지만큼이나 굵었다.

친구 아내는 커피 이외에 생강차, 대추차, 율무차 등 전통차는 좋은 재료를 넣어 직접 만들기에 맛과 향이 뛰어나다고 자신만만하다. 친절하게 손님을 대하는 태도도 자연스러워 보인다. 방앗간 자리니 참새는 심심찮게 들고날 것이고, 세상 소식에는 더 밝아질 것이다. 친구가 마음을 놓아도 될 것 같다. 이 카페는 전통문화나 예술에 관심 있는 사람들이 찾아와 쉬어갈 것이다. 디딜방앗간은 사라졌지만, 찾는 이들의 마음을 다잡아 주는 쉼터가 되기를 빌어본다. 우리 방앗간 자리에 심은 비파나무에도 오가는 새들이 날개를 접고 재잘댈 것이다. 지난날 그곳에서 오염되지 않은 곡식 낟알을 먹던 때를 그리면서.

# 둥우리 안에 뜬 달

부활주일 미사가 끝나고 성당에서 '부활달걀'을 받았다. 올해는 한 개가 더 늘어 그물망 속에 세 개가 들어있다. 식탁 맞은편에 앉아 껍질을 까던 중학생 손녀가 기대에 차지 않아 실망스럽다는 말투였다.

"에게! 너무 작네."

"어디 보자."

손가락을 넣어보니 반 마디 정도가 쑥 들어가는 것 같았다. 전에 삶은 달걀을 까보면 알맹이가 끝부분까지 거의 차 있었다. 그런데 언제부터인가 구운 달걀로 바뀌면서 알 자체가 작을 뿐 아니라 속살도 푹 꺼져 있었다. 조금은 허망한 기분이다.

부활 주일날 달걀을 먹는 의미는 하느님과의 약속을 저버린 이스라엘 민족이 가나안 땅으로 들어갈 때까지 40여 년을 광야에서 굶주림과 질병 등으로 고난을 받게 된다. 그때 만나와 메추라기로 그들을 구원하여 가나안으로 들여보내 준 하느님의 자비를 잊지 말라는 뜻이라고 한다. 또 수난 공로로 부활하신 예수님의 영광을 축하하는 뜻이라고도 한다. 어쨌거나 전에는 한 개를 먹고 나면 약간의 포만감 같은 것이라도 있었는데.

고기를 충분히 먹지 못했던 어려운 시절, 달걀은 가장 가까이에서 쉽게 구할 수 있는 영양공급원이었다. 앓고 난 후나 입맛이 안 돌아올 때, 식구들 눈치 보지 않고 영양을 보충할 수 있던 것도 달걀이었다. 그러나 터가 좁아 마당이 없다시피 한 가정에서는 달걀을 구경하기도 쉽지 않은 일이었다.

집에 갑작스레 손님이 오거나 식구의 생일 등 특별한 날이 아니면 좀처럼 밥상에 달걀이 오르기가 어려웠다. 아버지가 마을 구장을 하셨기에 읍 직원이 출장 나와 사랑에서 아버지와 식사를 할 때가 종종 있었다. 알맞게 썰어진 삶은 달걀이 고추장과 함께 밥상에 올려졌다. 한 조각이라도 남겨 줄까 침을 삼키며 사랑마루를 서성거렸다. 상을 치우며, 어머니가 부르면 그 날은 운수가 좋은 날이었다. 대부분의 아이들은 소풍이나 운동회 때 밤, 고구마 등과 함께 달걀을 먹을 수 있었다.

음식에서 달걀이 국이나 찌개는 물론이고, 특히 라면에 그것을 풀면 맛이 부드럽고 고소해서 나는 꼭 넣어 먹는다. 달걀 프라이가 얹혀만 있어도 그 음식은 한 등급 높아 보인다. 떡국도 그런 음식 중 하나라고 생각한다. 놋대접 안에 든 떡국 위에 얌전히 올려진 파와 김 가루, 노란 빛깔의 지단은 시각과 미각, 거기에 후각까지 자극하여 식욕을 돋우는 하나의 예술 작품을 보는 것 같았다.

우리집 감밭은 삼면이 탱자나무, 나머지 한쪽은 무궁화나무를 촘촘하게 심어 울타리를 만들었다. 닭들이 거기서 마음껏 풀도 뜯고 벌레를 잡아먹을 수 있게 풀어놓았다. 봄에 부화한 병아리들이 장마가 시작되면서 '콕시듐'이라는 전염병에 걸렸다. 하루에도 몇 마리씩 졸다가 쓰러졌다. 닭을 키워 본 사람은 그럴 때 가장 마음이 아팠을 것이다. 장마가 끝나면서 닭들은 기운을 차렸다. 몸집이 커지고 드디어 알을 낳기 시작했다.

해 질 무렵이면 둥우리마다 알이 한두 개씩 들어 있었다. 알을 꺼낼 때마다 훔치는 것만 같아 미안했다. 갓 낳아 따끈따끈한 알을 손에 꼭 쥔 채 한참을 서 있기도 했다. 지저분한 알껍데기를 보면서도 신선하다는 느낌이 들었다. 식구들에게 도움 준 걸 생각하며 고맙고 소중함을 잊지 않았다. 미처 둥우리를 차지하지 못한 닭들이 울타리를 빠져나와 마른 볏짚 더미나 검불이 쌓인 곳에 숨어 알을 낳았다. 한꺼번에 스무 개도 넘게 발견할 때도 있었다. 그런 날은 예상치 못한 '횡재'에 식구들은 흐뭇해했다.

달걀 열 개를 머리를 맞대어 볏짚 위에 길이로 싸면 그것이 한 꾸러미다. 장날이면 어머니도 그것을 몇 개씩 팔았다. 아버지는 알 한 개도 금쪽같이 아꼈다. 그렇게 우리 형제들은 닭을 가족처럼 소중하게 여겼다. 이제는 어디에 가나 달걀은 쉽게 볼 수 있을 만큼 흔하다. 대부분의 양계장에서 닭들은 배터리케이지 안에 들어 있다. 움직이지 못하는 그 안에서 암탉으로서의 감정도 감각도 느끼지 못한다. 항생제 섞인 사료를 먹으며 기계처럼 알을 낳는다. 인체에 유해한 물질이 들어 있을 수도 있는 외국산 달걀 수입을 금지하고 국내 업자들에게도 여러 가지 조치를 취한 것도 얼마 전의 일이었다.

'저렇게 낳은 알이 우리에게 신선하고 풍부한 영양을 줄 수 있을까?'

육류 가공식품 같은 것이 아닌 살아있는 생명체이기를 비는 마음이다. 부활달걀은 감사와 축하의 의미가 크지만 그것을 통하여 우리에게 생명력, 생동감을 잊지 않도록 하려는 것이 아닐까!

둥우리에 알을 낳은 닭은 큰 소리로 그 기쁨을 세상에 알린다. 생명체를 낳는 일은 자랑스러운 일이기 때문일 것이다. 지난날 내가 보던 달걀은 살아있는 존재였다. 나는 생명의 소중함을 그때 안 것 같다. 할 수만 있다면 몇 마리라도 닭을 키워 다시 그 기쁨을 맛보고 싶다. 손바닥 안에 쏙 들어오던 그 행복감을!

언젠가 학교에서 돌아오는 길이었다. 어머니의 얼굴처럼 갸름하고 환한 상현달이 십 리 밤길에 내 동무가 되어주었다. 무서움 타는 나를 든든한 낯으로 집까지 바래다준 고마운 달이었다. 알을 꺼내러 간 나는, 둥우리 안을 들여다보다가 하마터면 '앗' 소리칠 뻔했다. 어두컴컴한 그 둥우리 안에 달이 떠 있는 것이 아닌가. 놀라 고개를 들어보니 달은 그대로 하늘에서 비추고 있었다.

# 다시 그 봄 그 길로

“학교 시간 늦겠다, 빨리 일어나라.”

손녀는 서너 번 깨워야 겨우 눈을 비비고 일어난다. 학교에서 곧장 학원에 갔다가 수영장까지 들르는 날에는 밤 10시가 넘어서야 집에 오게 된다. 숙제를 마치고 나면 자정이 훨씬 지난다. 아침이 고단할밖에. 주섬주섬 챙겨 집을 나서는 아이에게 할머니가 제 어미 대신 아침마다 주문을 외우듯 되뇐다.

“휴대폰은? 현관 카드는? 오늘은 미세먼지가 많다더라. 마스크 꼭 하고, 차 조심해라.” “여기 안경 두고 갔잖아.”

엘리베이터를 향해 할머니가 급히 나간다.

아파트를 나서면 앞을 막아서는 높은 건물들, 도로를 꽉 메운

차량들, 빼곡히 달려 있는 크고 작은 간판들로 머리가 어지럽다. 구름인지 미세먼지인지 분간도 안 되는 희뿌연 물질이 건물 사이를 채우고 있어 답답하다. 온갖 소음들이 파도처럼 벽에 부딪쳐 귀가 먹먹하다. 건장한 어른들도 어지럽고 가슴이 답답하고 속이 메스껍다는데 저런 아이들은 어쩌랴. 새 학기가 되어 계절이 바뀌는데도 공해 때문에 계절의 감각을 느낄 수도 없는 도시의 아이들이 안쓰럽다.

시원하게 펼쳐진 들판을 가로질러 새봄 향기를 맡으며 학교에 가던 내 어린 날이 생각난다. 밤비 갠 아침, 불어난 도랑물이 돌돌거리며 흘렀다. 뒷산 봉우리를 덮은 아침 안개 사이로 햇빛이 눈부시게 쏟아졌다. 도랑가 새로 돋아난 풀잎이 불어난 물 위에서 일렁거렸다. 그 그림자가 바닥에서 투명하게 흔들렸다. 바지를 걷고 들어섰다. 종아리를 감싸 안은 듯한 싸한 짜릿함이 좋았다. 맨발의 검정 고무신들이 그렇게 도랑을 건너 앞서거니 뒤서거니 걷는 등굣길이었다.

큰길로 나섰다. 비에 씻긴 길바닥 위의 굵은 모래가 신발에 밟혀 사그락거린다. 첫 번째 산모퉁이를 돌았다. 집에서 바라보면 장에서 돌아오는 어머니의 모습이 맨 먼저 눈에 들어오는 반가운 곳이었다.

따스한 햇볕을 등 뒤로 받으며 재잘거리며 걸었다. 큰 소나무가 있는 삼거리 주막집이 다가왔다. 외양간 거적이 올려져 있어 여물을 먹고 있는 소가 보였다. 그것을 본 친구가 생각난 듯 자랑을 한다.

"우리 소가 어제 쇠앙치를 낳았어."

다른 친구도 질세라 턱을 앞으로 쑥 내밀며 더 크게 소리를 질러댄다.

"우리집 도야지는 새끼를 열두 마리나 낳았는디."

삼거리에서 큰 신작로를 따라 오른쪽으로 돌면 읍내가 멀리 보였다.

"나 이승만이외다…."

매일 아침 우리 학교 스피커에서 나오는 대통령의 목소리가 바람에 실려 커졌다 작아졌다 하며 거기까지 들렸다. 걸음을 재촉했다.

1반에서 5반까지 공부가 거의 같이 끝났다. 기다릴 것도 없이 우리는 늘 함께 집으로 돌아왔다. 길가에 트럭이 서 있었다. 짐칸 및 스페어타이어 끼워둔 곳을 붙잡고 차축 위에 발을 얹고 매달렸다. 트럭이 서서히 출발하자 휘발유 타는 냄새를 맡으러 아이들이 우르르 몰려왔다. 차는 먼지를 일으키며 속력을 내기 시작했다. 더럭 겁이 난 나는 손을 놔버렸다. 털썩! 충격과 함께 눈앞이 캄캄하고 콧속이 메케했다. 길바닥에 떨어지며 한 바퀴를 구른 것 같았다.

누운 채 눈을 떠보았다. 뿌연 먼지 속에 파란 하늘이 보였다. 두 팔을 올려 보았다. 올라갔다. 아무 일 없구나, 안심이 되어 몸을 일으키려는데 말을 듣지 않았다. 친구들이 달려와 일으켜 주고 옷에 묻은 흙을 털어주었다. 책가방을 챙겨주며 걱정하는 친구도 있었다. 발걸음이 잘 떼어지지 않았다. 친구들도 내 걸음걸이에 맞춰 천천히 걸어주었다. 삼거리까지 왔을 때에야 등과 팔꿈치가 쓰라리고 얼굴이 화끈거렸다. 몸에 열이 나는 것 같아 아프면 어쩌나 걱정이 되었다.

길섶 풀 위에 친구들과 제비처럼 나란히 앉았다. 누군가 새로 돋아난 소나무 새순을 꺾어 껍질을 벗기고 하얗게 드러난 속을 내게 건넸다. 하모니카처럼 입에 물고 좌우로 핥았다. 달콤하고 시원한 물이 입안에 가득 고였다. 맛이 있었다. 내가 잘 먹는 것을 본 친구들이 번갈아 자기 손에 든 것을 내밀었다. 그사이 삐비를 까서 주는 친구도 있었다. 환자가 되어 간호를 받는 것 같았다. 몇 개를 받아 먹고 나니 가슴이 탁 트이는 것 같았고 열도 내린 듯했다. 시원한 맛에 금방 기분이 좋아졌다. 따스한 햇볕, 부드러운 바람 속에 차에서 떨어져 곤두박질친 일이 아무것도 아닌 것 같았다. 그런데도 장난질을 칠 때면 무섭게 혼을 내는 아버지의 얼굴이 자꾸만 떠올랐다. 오늘 일은 비밀이라고 친구들에게 몇 번씩 다짐을 받고서야 집으로 향했다.

봄빛 가득한 우리집 탱자나무 울타리를 끼고 돌았다. 갓 돋아난 연둣빛 탱자 잎과 가시에서 부드러운 광택이 났다. 새콤한 찔레 향에 저절로 코가 벌름거려졌다. 찔레꽃 서너 송이가 넝쿨을 따라 피어 있었다. 배롱나무 위에서 부리긴 물새가 연못 속 물고기를 노리고 있다가 들어서는 내 기척에 놀라 건너편 나뭇가지로 훌쩍 옮겨 앉았다. 연못가 돌 틈에서 쩝쩝 고기들이 입질하는 소리가 났다. 조바심하며 들어서는데, 홰를 치며 힘껏 목청을 돋우어 길게 뽑던 수탉의 울음이 한낮 정적을 깨고 있었다. '오늘 또 장난쳤다네' 수탉이 크게 일러바치는 것처럼 들렸다. 아버지의 얼굴이 다시 떠올랐다.

지금도 파란 풀밭 사이의 들길은 그대로일까, 마당 앞 연못도. 갈 수 있다면 손녀와 함께 봄볕 가득 받으며 그 길을 걷고 도랑물을 건너 고향집에 가보고 싶다.

# 동백 품던 치마폭

툭. 감나무밭 울타리에 줄지어 선 동백나무에서 열매가 하나 둘 떨어지기 시작한다. 가을걷이가 끝날 무렵이면 어머니는 동백을 줍는다. 마실에서 돌아오다가도 으레 동백나무로 향한다. 탱자나무 울타리 사이나 돌무더기, 돌 틈에 떨어진 것을 하나하나 꼼꼼히 줍는다. 늘 보아도 어머니에게는 동백을 줍는 일이 즐거운 일인 것 같다. 정성스레 주우면서 작은 소리로 기도하고 찬송을 하기도 한다. 이웃과 나눌 것을 생각하고, 한 해 농사를 지으면서 겪은 이런저런 일들을 떠올릴 수 있어서 좋다고 했다.

치마폭에 주워 담은 것들을 사랑 곁 앵두나무 아래 쏟아붓고 치마를 훌훌 털고 토방으로 올라서곤 한다. 어떤 때는 잘 익은 홍시, 무화과를 동백과 함께 치마폭에 담아와 '막둥이'를 부른다. 추수가 끝나 한숨 돌리는 때에도 어머니는 울타리를 따라 돌며 동백나무 밑을 더듬는다. 몇 차례 훑고 나면 앵두나무 밑에는 제법 조그마한 무더기가 생긴다. 그러는 사이 계절이 바뀐다.

아낙들은 물이 얼기 전 서둘러 품앗이 김장 날을 정한다. 김장을 하기 전에 기름 짤 날도 받는다. 어머니는 잘 손질해 둔 참깨와 들깨, 동백이 든 자루까지 이고 들고 기름집으로 향한다. 크고 작은 빈 병들도 따라나선다. 그날은 종일 우리집 기름을 짠다. 아침부터 깨를 볶느라 고소한 냄새가 가득 찬 기름집에서 아주머니와 어머니가 번갈아 기름틀을 살핀다. 동백까지 다 짜고 나면 짧은 겨울 해가 뉘엿뉘엿하다. 지렛대로 자키를 조여 짜는 시골마을 기름틀이라 깻묵에서 기름이 완전히 빠지기까지는 시간이 꽤 걸린다.

동백기름은 여러 개의 작은 병에 담아서 김장 때나 마실 길에, 이듬해 설 때와 보름날까지도 이웃에게 나누어 준다. 장날이나 교회에 가는 날이면 어머니는 머리를 감고 참빗질을 곱게 한 후 동백기름을 두 손바닥에 비벼 골고루 머리에 바른다. 가르마를 정성스럽게 가른 후 바짝 당겨 낭자를 틀고 비녀를 꽂는다. 가르마 양편에 기름을 조금 더 발라주면 반짝임이 더해 눈에 환히 들어온다. 늘 보아도 어머니의 가르마는 친구와 자전

거로 읍내를 향해 신나게 달리던, 곧게 뚫린 내리막길처럼 시원스러워 보인다.

"우리 마을 아주머니들의 낭자머리가 더 곱더라."

장에서 돌아올 때면 어머니가 하는 말이다. 당신의 손길이 간 것이기에 머리에 더 관심을 갖는 것 같았다. 그때는 농촌의 아가씨들도 동백기름으로 머리단장을 했다. 누님도 동백기름을 바른 머리끝에 댕기를 달고 다녔다.

'동백기름 고운 냄새 풍겨 헤치면 총각, 낭군 그 냄새에 바람난다오' 어릴 때 축음기에서 자주 듣던 「동백 아가씨」 가사가 생각난다.

동백을 줍다가 어머니가 손가락에 낀 쌍가락지를 잃어버렸다. 그해 가을은 유별나게 어머니의 어깨에 힘이 빠져 보였다. 어머니 손가락 위에 늘 얹혀있던 엄지손톱만 한 자수정 반지가 형수들이 들어온 후 언제부턴가 보이지 않았다. 가끔 어머니는 무의식중에 엄지로 반지가 끼어있던 손마디를 만지작거리곤 했다. 어머니의 마음을 짐작한 아버지가 어느 해 추수 끝에 마련해 준 두툼한 쌍가락지였는데.

그날도 어머니는 외출에서 돌아와 여느 때처럼 동백나무 밑에 앉았다. 돌 틈의 동백을 줍다가 가락지에 상처가 날까 봐 동백을 담은 치마폭에 빼서 담았다. 깜박 잊고 그것들을 앵두나무 밑에 쏟았다. 며칠 후 가락지 생각이 나서 동백 무더기를 바늘을 찾듯 뒤졌으나 나오지 않았다. 사람 왕래도 많지 않은 사랑방 곁인데…. 아버지에게는 알리지도 못하고 얼마나 속이 탔을까. 말수가 적어진 어머니를 보면서 가슴 아파했던 일이 생각난다.

그 일을 잊을 만큼 되었을 때 한 형수가 귀띔했다.

"그때 어머니가 가락지를 잃어버린 것이 아니라 작은 도련님이 딱해서 팔으셨을 거예요."

손위 형님이 대학을 졸업하고 취직을 못 한 채 빈둥거리다 아버지의 미움을 산 때였다. 아버지가 용돈을 주지 않아 어머니가 애를 태웠을 것이다. 어머니는 지금도 우리가 그렇게 믿으려니 알고 계실까.

어머니 안 계신 세월에도 꽃은 혼자 지고 피었나 보다. 벼르다가 들른 고향 집에 동백이 여기저기 떨어져 있다. 주워보려 하지만 눈앞이 흐려 잘 잡히지 않는다. 어머니가 그렇게 하듯 모자에 주워 담은 것을 잎 진 앵두나무 아래 쏟고 토방 위로 올라서 본다. 온갖 것을 품어주던 치마폭, 그 계절 어머니가 즐겨 입던 청회색 치마가 저만큼 안방 마루 위에서 펄럭거리는 것 같다.

# 추억 속 생선

가족과 함께 속초에 갔다. 처남댁이 어시장으로 안내하더니 내가 좋아하는 생선들이라고 적당히 마른 양미리, 가자미, 마른 오징어 등을 차에 실어주었다. 이름만 들어도 지난날 추억이 되살아나는 생선이 양미리다. 꽁꽁 언 출근길에 따뜻한 국물로 배 속을 채우지 못해 한동안 나를 짜증나게 했던 생선이다.

아직 주위가 어둑한데 아침 밥상이 들어온다. 어김없이 국은 양미리 몇 토막이 든 김칫국이다. 겨울 한철 하숙집에서는 매일이다시피 양미리 김칫국을 내어놓았다. 그런데 김치가 쓴 것인지, 생선이 그랬는지 아니면 밥하는 아이의 손맛이었는지 국 맛이 써서 먹을 수가 없었다. 손도 안 대고 물리는데도 다음 날도 또 그 국이었다. 하는 수 없어 내가 특별한 일로 일찍 출근해야 하니 당분간 아침 식사를 하지 못한다고 핑계를 댔다. 하숙집 주인은 투박한 말씨와는 달리 성품이 온화한 함경도 분들이었다. 이부자리, 방 청소는 항상 깨끗해서 나무랄 데가 없었다. 그래서 마음이 약해 솔직하게 말을 못했던 것이다.

두어 쪽 빵과 커피로는 충분하지 않아 부대 앞 식당에서 라면이라도 시켜야 했다. 퇴근 때 술꾼 김 대위에게 잡히면 영락없이 가는 곳이 있었다. 전체 회식이 아닌 두어 명이 어울려 가는 술집이다. 안주래야 양미리와 마른안주가 고작이다. 젓가락도 대지 않는 내게 동료들은 왜 그렇게 양미리를 싫어하느냐고 묻지만 나는 시원한 대답을 못했다. 내가 떠난 후에도 그 집은 하숙생을 다시 들여야 하기 때문에 공연한 소리를 할 필요가 없었던 것이다.

그 계절에 잡히는 것은 명태나 양미리가 대부분인데 그것을 기피하다 보니 어느 식당이나 술집을 가도 내 메뉴는 정해지다시피 했다. 그나마 저녁으로 가끔 먹을 수 있는 청국장이라도 있어 내 짜증을 풀어주곤 했다. 그래도 넘실대던 바다와 훈훈한 그곳 사람들의 인정만은 잊지 않으려고 애썼다. 지금도 그곳은 내 추억 속의 아름다운 한 부분으로 남아 있다.

어느 날 아내가 김치와 양미리 지진 것을 내게 권했다. 아무 생각 없이 생선 토막을 김치와 함께 먹으니 구수한 맛과 부드러운 육질에 그동안 내가 몰랐던 얕은맛이 있다는 것을 처음 알게 되었다. 처가에 가면 장모님은 아침 일찍 부두에 나가 갓 잡아 온 생선을 아침상에 올려 주었다. 양미리는 물론, 서울에서 쉽게 보기 어려운 도치 같은 생선도 먹을 수 있었다. 이 사이에서 톡톡 터지며 도치 알이 씹히는 맛은 어느 고급 생선에 비길 바가 아니었다.

양미리는 서민적인 생선이다. 겨울철에는 값도 싸고 구하기도 쉽다. 내가 양미리를 먹기 시작하면서부터 장모님은 해마다 겨울이면 보내주셨다. 그렇게 반갑고 고마울 수가 없었다.

어릴 때 고향에는 대갱이(개소겡)이라고 불리는 생선이 있었다. 길이는 양미리만 한데 비쩍 마르고 못생긴 생선이다. 우리집 빨랫줄 한쪽에는 꿰미에 꿴 대갱이가 늘 걸려 있었다. 어머니는 가끔 그것으로 도시락 반찬을 해주셨다. 잘 말린 대갱이를 불에 구워 방망이로 두들긴 다음 찢어서 참기름에 무치는데 얼마나 고소하고 맛이 있는지 먹어보지 않은 사람은 그 맛을 상상할 수 없을 정도다. 도시락 반찬으로 싸가면 불한당처럼 몰려든 친구들로 그날은 맨밥을 먹다시피 했다. 어느 해 초등학교 소풍 때는 그것을 찬합에 가득 싸갔다. 점심시간은 선생님들의 잔치가 되었고 나는 인기 만점이었다.

불시에 손님이 찾아들면 아버지도 대갱이 무침이나 김부각 구이로 술안주를 하셨다. 대갱이도 짱뚱어처럼 갯벌에서 사는 생선이어서인지 바닷속 생선들과는 확실히 맛이 달랐다. 어쩌다 대갱이를 먹어본 사람과 얘기해보면 고소하면서도 씹히는 감칠맛을 지금까지 잊을 수 없다고 했다.

어머니는 대갱이를 미리 말려 늘 준비해 두셨다. 어머니가 비설거지를 하지 않은 채 잠깐 집을 비운 사이 소나기가 왔다. 빨랫줄의 대갱이가 다 젖어 버리고 장독에도 빗물이 들어갔다. 어머니는 장이야 다시 달이면 된다고 하시면서 비에 젖은 대갱이를 더 속상해하시는 것 같았다.

갈치, 고등어, 조기 등 생선을 먹고 자랐지만 고향, 어머니, 초등학교를 생각하면 가장 먼저 튀어나오는 것이 대갱이에 대한 생각이다. 그것은 내 소년 시절의 어머니에 대한 그리움과 감사함이다. 살아오면서 몸살이나 불편한 일로 입맛이 없을 때 양미리와 대갱이를 떠올리면 금방 구미가 당기고 입맛이 돌아오는 것은 하늘에서도 그분들이 나를 변함없이 사랑하기 때문이리라.

# 바람, 등을 밀다

종친회에 왔다가 고향집에 들렀다. 굳게 닫힌 대문 안으로 들어선다. 집안을 휘감고 있던 썰렁한 바람이 맞는다. 긴 용마루와 기와지붕, 길게 드리운 차양, 변함이 없다. 마당의 잔디도 그대로다. 안방 마루에 걸터앉는다. 등 뒤가 서늘하다.

30여 년 전쯤이었던가 비어 있던 큰댁이 태풍에 쓰러졌다. 그것을 치우면서 우리집도 언젠가 빌 것이라는 생각은 하지 못했다. 어릴 때 형님과 장난치다가 안방문 살창을 부러뜨렸다. 그때 그것을 감아 둔 철사는 60여 년이 지난 지금도 그대로인데 사람은 다 떠나고 없다. 오래전에 아버지 어머니가 떠났고 집을 지키던 형님도 몇 달 전 세상을 떴다. 붉게 피던 왕벚나무, 부엌 곁 벚나무도 보이지 않는다. 봄밤이면 그윽한 향기로 마당을 가득 채우던 태산목, 노란 꽃을 흐드러지게 달고 있던 꽃치자나무도 보이지 않는다. 키 큰 종려와 운치 있게 자란 비자나무도 사라져 그 자리가 휑하다. 많던 꽃과 나무는 다 어디로 갔는지, 전에 없던 철쭉들이 화단 가득 꽃피울 준비를 하고 있다. 집 안 곳곳에 봄볕이 가득한데 눈에 들어오는 것들은 마음을 쓸쓸하게 할 뿐이다.

여름이면 단풍나무 그늘 아래 잉어가 놀던 연못이 있고, 가을이면 넓은 터 안 감밭은 온통 붉은빛으로 가득 차고 뒤뜰 밤나무에서는 툭툭 영글은 밤톨이 쏟아졌다. 쩍 갈라진 틈 사이로 반짝이는 굵은 석류가 주렁주렁 매달려 있는 우리집을 사람들은 부러워했다. 그런 집에 이제는 조카들마저 들어와 살 수가 없단다. 언제까지 비워둘 수 있을까.

남에게 파는 것만은 어떻게 하든 말리고 싶다. 평생을 통해 가꿔 온 화초 한 포기 나무 한 그루에 부모님의 손 김이 깃들어 있고 형제들이 비비대며 자라던 곳에 낯선 사람이 들어와 산다는 것은 생각할 수도 없는 일이다. 농촌에 빈집이 늘어간다는 뉴스를 오래전부터 들어왔다. 나와는 상관없는 일이라 생각했는데, 이제 내 처지가 실감난다.

고향집 꿈을 자주 꾼다. 바람이 불고 마당에는 낙엽이 어지럽게 날린다. 안방문이 바람에 덜컹거리며 금방이라도 열릴 것처럼 흔들려 무섭고 삭막하다. 안방 대청마루와 컴컴한 사랑 대청 벽장이 들여다보이고 그 안에서 무언가가 나올 것만 같아 조마조마하다. 집이 비어 있다는 생각에 안타깝고 걱정이 된다. 어머니가 보이고 가끔은 아버지도 보인다. 어머니는 가르마가 흐트러진 모습을 하고 있다. 돌아가신 분이 무슨 일로 보일까. 꿈속에서 고향집과 부모님은 흐릿하게만 보인다. 깨고 나면 부모님에게 잘해드리지 못한 아쉬움과 안타까움으로 잠을 이루지 못한다. 며칠씩 기분이 우울하다. 왜, 이렇게 꿈속에서까지도 고통스러워해야 하는가? 고향집에 대한 애착이고 막둥이로서 부모님의 사랑을 충분히 받지 못했다는 데서 오는 연민 때문이 아닐까.

이슬 맺힌 텃밭의 야생딸기, 앵두의 싱그러움, 살짝만 건드려도 후드득 떨어지는 살구를 줍는 기쁨이 컸다. 겨울방학이면 책을 펴둔 채 눈을 맞으며 연못에서 타는 썰매, 아버지에게 들키지만 않으면 그렇게 신이 날 수가 없었다. 사랑문이 열리며 기침 소리와 함께 아버지가 방을 나서는 것 같은 생각도 아쉬움이고 미련이다. 이런 애틋한 사연들이 나를 놓아주지를 않는다. 사랑 앞에서 안방·모방 앞까지 긴 토방에 신발 한 켤레 보이지 않고 깨끗하게 비어 있다. 한 줄기 바람이 그 위를 훑고 지나간다. 자리를 털고 일어선다.

"몸성히 있다가 오너라. 언제쯤 또 오게 되니?"

부모님, 형님의 말 대신 울타리 사이로 불어오는 바람이 대문 밖으로 등을 민다.

# 분신

꽃 이야기만 나오면 자다가도 벌떡 일어나시는 어머니.

어느 댁을 방문하든 화단부터 살피고 색다른 꽃이 있으면 반드시 얻어 오고, 어디서 구했는지 물어 십 리 길도 마다않는 어머니였다. 어느 해 봄, 뒷산에 하얀 진달래가 피어 있더라는 말에 산을 헤매던 어머니는 허탕을 치고 오셨다. 얼마나 지난 후 어머니는 뒷산에서 산국 몇 뿌리를 캐오셨다. 화단이 가득 차 있어 마당의 경계석 밖에 줄지어 심었다. 가을도 다 늦어 핀 산국은 보라색과 노란색, 회색의 꽃잎이 한데 섞여 빛깔이 선명하지가 않았다. 꽃송이가 작고 줄기도 가늘어 볼품이 없었다. 그런 꽃을 어머니는 아꼈다. 농사일로 마당에 멍석을 펼 때마다 산국이 다치지 않도록 일꾼들에게 당부를 하곤 하셨다.

가을이 깊어지면 화초들은 볏짚으로 몸을 감싸고 겨울 날 준비를 한다. 어머니는 특히 썰렁한 바람 속에서 떨고 서 있는 산국 곁에서 도란도란 얘기를 나눈다. 꽃향기를 맡고 얼굴을 비비기도 한다. 어머니의 굽은 등과 꽃 무게에 처진 산국이 그렇게 닮아 보일 수가 없었다. 자세가 바르던 어머니가 나이 들면서 등이 굽어 가는 것이 속상한데 산국과 함께 있는 모습은 더 서글퍼 보였다. 스웨터 주머니에 손을 넣고 종종걸음으로 마당을 들어서다가도 어머니는 산국 쪽으로 걸음을 옮겼다. 늦가을 볕 아래 산국과 함께하는 시간을 어머니는 행복해하셨다. 돌봐주지 않아도 그 자리에 다시 돋아난 산국은 해가 바뀌어도, 잿빛 하늘에 몸을 웅크리게 하는 스산한 바람이 불어와도, 계절이 다시 오면 변함없이 은은한 향기를 내었다.

현역 시절 갑자기 무릎이 아프다는 전갈에 어머니가 오셨다. 막내였기에 반년 가까운 시간을 어머니와 둘이서 보낼 수 있었다. 내 생애 가장 행복한 때였던 것 같았다. 어머니 곁에서는 단잠을 잘 수 있었고 어머니가 지어준 따뜻한 밥 덕분인지 무릎은 금방 좋아졌다. 비행 임무가 없어 일찍 퇴근한 토요일 오후면 어머니와 함께 간식을 싸 들고 시가지 뒷산에 오르곤 했다. 굵은 상수리도 줍고 소나무 가지를 감고 가을바람에 달랑달랑 소리를 내고 있는 맹감을 꺾기도 했다. 가을 맹감은 어디에서 보아도 새빨간 빛이 너무 고왔다. 바위 옆에 피어있는 한 무더기 산국을 보자 어머니는 반색을 했다. 쓰다듬으며 육친이라도 만난 듯 일어설 줄을 몰랐다. 따뜻한 가을 햇살 아래 산국과 마주한 어머니는 백년지기나 되는 것처럼 다정스러워 보였다.

내 방 창문 밑에 어머니가 오시자마자 옮겨놓은 산국은 앞집 담장에 가려 활짝 피지를 못했다. 담이 조금만 더 낮았으면 좋았을걸…. 볼 때마다 어머니 생각이 나면서 마음이 불편했다.

콩깍지 위에 서리가 내린 늦가을 어느 날, 어머니는 더 춥기 전에 가야겠다며 작은 보퉁이를 챙기셨다. 가끔 점심 도시락을 품에 안고 부대까지 갖다 주셨는데. 안 계시니 허전했다.

퇴근길, 갑자기 퍼붓는 진눈깨비를 맞으며 들어서는데 쏟아지는 눈을 머리에 이고 서 있는 산국이 눈에 들어왔다. 순간 어머니가 눈을 뒤집어쓰고 있는 것 같아 나도 모르게 쓰고 있던 모자를 벗어 눈을 털었다.

방안에 들어섰다. 고향집으로 내려가신 지 석 달이 다 되었는데도 그리운 냄새는 여전했다. 지난가을 몇 송이 꺾어다 약병에 꽂아둔 야윈 산국이 내는 어머니 냄새였다. 빛깔과 모양이 아름다운 대국도 많은데, 분신 같았던 산국을 어머니는 그리워하실까.

# 3

# 사실보다는 진실이기를

# 가장 감동적인 한 편의 수필

가을이 오기엔 조금 이른 팔월 말, 수필 동인 몇이서 서둘러 가을맞이 여행을 떠났다. 하동에서 열리는 제28회 『수필문학』 하계 세미나 겸 갈석 강석호 선생 1주기 추모 행사에 초대받은 것이다.

남원을 경유하며 버스를 따라 달리는 섬진강 속에 하늘이 그대로 담겨있다. 물길을 따라 좁아졌다 넓어졌다 하는 모래톱이 너무 곱다. 바라보는 것만으로도 그 고움이 흐트러질까 조바심이 날 정도다. 왼편 산비탈 콩밭에 띄엄띄엄 서 있는 수수 알맹이가 탐스럽게 영글어 차창만 열면 가을이 물씬 밀려들 것만 같았다. 강물 위를 스쳐 온 바람결에 팽팽하게 여문 콩 꼬투리가 금방이라도 톡 하고 터질 것처럼 보인다고 창밖을 향한 채 아내가 말했다. 가끔씩 서울을 비우면서도 풍광 좋은 곳에 오면 오랜만에 떠나온 것 같은 기분이 들곤 했다.

줄지어 늘어선 벚나무 밑을 지나면서 몇 해 전 봄, 벚꽃 터널을 이루었던 그 길의 장관을 떠올리는 사이 화개장터에 도착했다. 구례의 농산물, 하동의 해산물이 한데 어우러지고 전라도와 경상도가 어깨동무하는 곳이다. 장터답게 왁자지껄하다. 군고구마, 군밤, 국화빵의 고소한 냄새가 먼저 우리를 반겼다. 올벼쌀을 한 움큼 입안에 털어 넣고 불렸다. 독특한 그 맛과 냄새가 당장 나를 어린 시절로 데려갔다. 농촌에서 필요한 의류와 생활용품도 팔고 있었다. 어물전에는 빛깔이 붉은 피문어가 눈길을 끌었다. 문어를 만나니 어머니 생각이 났다. 여름이면 우리 식구는 문어를 넣은 찹쌀죽을 보양식으로 먹곤 했다. 꽹과리 소리가 어깨를 들썩이게 하는 곳에서는 엿장수의 가위소리가 장단을 맞추고 어디를 가나 떠들썩한 만큼 인심 후한 곳 또한 엿판이었다. 고향 장터에 온 것처럼 풍성한 볼거리, 먹을거리와 흥청거림에 잠시 마음을 두었다가 하동으로 향했다.

하동은 한때 내게는 고향만큼이나 낯익은 곳이었다. 조종학생 시절 그곳은 비행 훈련 공역 중 하나였다. 진주, 산청, 고성, 사천, 하동, 남해, 구례 중 한 곳 상공에서 매일같이 훈련을 했다.

그곳의 산과 강, 마을과 들판 그리고 도로가 머릿속에 들어앉아 있다시피 했다. 시내로 접어들면서 그때를 떠올리려 애를 써보았지만 길게 보이던 포구와 하동이라는 이름 외에는 생각나는 것이 없었다.

행사장 통로 양편에는 『수필문학』의 역사를 사진으로 설명하고, 그동안 발간된 수필집들이 가지런히 진열되어 있었다. 갈석 선생의 약력과 발자취를 더듬는 것으로 추도식이 시작되었다. 나와는 그 자리가 첫 대면이지만 선생과 같이 활동했던 동인들의 추도사와 회고담을 통해 수필 문학을 향한 선생의 열정과 문학을 사랑하는 마음, 따뜻한 그분의 인성까지 알 수 있게 되어 금방 구면처럼 느껴졌다. 희생 없이는 아무것도 이룰 수 없다는 말을 다시 한번 되새기는 시간이기도 했다. 문인의 추도식답게 잔잔한 감동으로 이어지는 행사였다.

뒤이은 세미나에서는 수필에 대한 주제 발표와 신인 수상이 있었으나 압권은 국민의례 중 애국가 제창이었다.

"음악은 준비하지 못했지만 애국가를 4절까지 힘차게 불러 주십시오."

사회자의 말에 나는 귀를 의심했다. 큰 행사도 아닌, 백오십여 명 남짓의 조촐한 문학 행사인데, 4절까지! 얼마 전 어느 방송에서 애국가는 친일파가 작곡한 것이므로 빨리 바꿔야 한다는, 어떤 교수의 주장을 들은 후로는 속이 답답하고 불편했는데, 이런 제안이 반가웠다. 행사장이 쩌렁쩌렁 울리도록 불렀다. 오랜만에 4절까지 부르고 나니 속이 후련했다. 막혔던 것이 터지는 듯하고 새로운 힘이 솟는 것 같았다. 사회자의 손을 덥석 잡아주고 싶다는 충동까지 느껴졌다.

애국가는 우리 민족이 가장 감격스러웠고 가장 힘들었던 순간마다 더운 눈물로 격려해 주었다. 어지럽고 혼란했던 시기에는 우리 마음을 하나로 모아 지켜준 방패 같은 노래라는 것이 평소 내 생각이다. 조용히 시작되지만 그 안에 우리의 숨결이 있고 맥박이 뛰는, 단조로운 가운데 변화가 있으며 빨려들 듯 부드럽게 이어지는 후렴에서는 옆 사람의 손이라도 잡아주고 싶은 포근한 마음이 되게 한다. 어떤 악기로 연주되어도 내게는 훈훈한 감동을 주는 노래, 듣기만 해도 저절로 자세가 바르게 되는 노래, 내 의식 내 혈관 속에 그렇게 심어진 노래다.

인도는 150여 년 동안 영국의 통치를 받았다. 수많은 보물과 문화재를 강탈당했고 갖은 억압을 받았음을 역사를 통해 알게 된 바다. 인도에 시설된 철도를, 인도의 여러 민족 간 공용어로 사용되는 영어를, 즐기는 차 문화를, 인도인의 운동이 되어버린 크리키트를 영국에 다시 돌려주라고 한다면 뭐라고 할 것인가? 역사학자 '유발 하라리'가 한 말이다.

27년간 옥살이를 한 넬슨 만델라에게 누군가 물었다.

"그 긴 세월의 고통을 어떻게 견딜 수 있었느냐."

그러자 그가 대답했다.

"닥쳐올 일에 대해 어떻게 준비해야 할 것인가?의 질문을 끊임없이 자신에게 던짐으로써 견딜 수 있었다."

문화혁명 때 산골에 숨어 7년 세월을 고통받은 등소평도 같은 대답이었다고 한다.

'지혜로운 사람은 과거의 감정보다는 앞으로 올 일에 대한 준비에 최선을 다하는 사람이다.'

70년대 이전까지는 국경일을 포함한 각종 행사에서 애국가는 대부분 끝까지 불렀고 행사 끝에 더러는 만세 삼창을 했던 기억이 난다. 그런데 어느 사이엔가 1절만 부르는 것이 관례가 되어버린 것 같다. 최근 장관까지 참석한 한 행사에서 애국가와 묵념이 없는 국민의례를 했다. 행사 내내 이럴 수가! 이는 분노를 나는 자제해야 했다. 지킬 것 버릴 것을 잘 가리는 것이 깨어있는 의식일 것이다.

괴로우나 즐거우나 나라 사랑하세
무궁화 삼천리 화려강산
대한 사람 대한으로 길이 보전하세

한 소절 한 소절에 나라 사랑 겨레 사랑이 절절히 흐른다. 이 얼마나 우리 가슴을 울렸던 노래인가. 어느 소절에서도 친일 감정은 느껴지지 않는다.

애국가는 아무나 다시 지을 수 있는, 아무 때나 부르는 단순한 노래가 아니다. 우리의 나갈 길을 밝히는 대서사시이며 가장 감동적인 한 편의 수필이 아닐까. 추모를 겸한 뜻깊은 자리에서 느꼈던 그때의 감동이 지금도 생생하다.

# 이 가을에 기다려지는 것은

벤치에 앉아 하늘을 올려다본다. 언제쯤, 어디쯤 오고 있는지를 알려줄 만도 한데. 가을을 애타게 기다리는 것은 나 혼자가 아닌 것 같다. 타는 듯하던 지난여름, 폭염을 함께 견뎌낸 이웃들이 있다. 그것을 자랑이라도 하듯 열매를 주렁주렁 달고 있는 대추나무, 굵어질 대로 굵어진 감을 잎으로 가리려 애쓰는 감나무, 세 번 꽃이 피어야 쌀밥을 먹게 된다며 온통 붉은 꽃을 드러내고 있는 배롱나무가 그들이다. 저만큼 아파트 벽에 멋진 자태를 그림자로 뽐내고 섰는 소나무와 여름내 밤마다 청개구리의 합창을 들려주던 마당 실개천도 예외는 아닐 것이다. 그렇게 기다려지는 것이 또 하나 있다. 상강도 지나 있는 내 생일이다.

그 빛깔만으로도 어딘가에 무언가가 있을 것만 같은 가을 하늘이 마음을 차분하게 가라앉혀 주는 시기이기 때문이다.

젊은 한때, 이른 아침 활주로를 박차고 솟아오를 때면 전방 방풍초자(앞 유리) 가득 한아름으로 안겨 오는 하늘은 내 젊음, 내 보람, 지금껏 내 생애의 모든 결정의 중심이었다. 자칫 날을 수 있다는 자만에 빠지기 쉬운 젊은 날의 유혹도 한없이 높고 트인 창공에 떠 있는 한 점 먼지에 지나지 않는 '나'를 생각하면 스스로 숙연해졌다.

석 달 가뭄에 단비 바라듯 하는 마음인데, 올가을 기별은 더디기만 하다. 거기에 웬 속 타는 소식들만 꼬리를 무는지. 연이은 늦가을 태풍으로 많은 인명 피해와 수확기의 농작물이 큰 해를 입었다는 아픈 소식, 남의 나라 일이겠거니 여겨오던 아프리카 돼지 열병이 국내에 확산되고 있다는 불안한 속보가 계속되고 있다. 더 걱정스러운 것은 잠잠했던 촛불시위, 태극기 시위 물결이 대검찰청 앞과 광화문에서 다시 출렁이기 시작했다는 보도다. 시위에 참가하는 모두가 나라를 걱정해서겠지만 순간적인 충동이나 지나친 비방으로 회복될 수 없는 파국을 초래하지나 않을까 걱정이다. 분단 상태라는 점에 더 마음이 쓰인다.

폭염과 태풍은 피할 수 없는 자연현상이지만, 시위나 집단행동은 인위적인 것이다. 대규모 집단행동도 때로는 필요하다. 하지만 잦으면 사회적 병폐가 될까 염려된다. 선진이라는 단어를 즐겨 쓰는 우리가 언제까지 되풀이해야 하는가. 이제는 안정된 사회에서 편안한 마음으로 살고 싶은 것이 대다수의 솔직한 심정일 것이다.

대부분의 민족이나 국가가 그렇듯 우리의 건국신화도 하늘로 닿아 있다. 단군조선은 우리 민족 최초의 국가다. 하늘에 순종하면 존(存)하고 거역하면 망(亡)한다고 했다. 우리는 반만년을 지내오는 긴 세월 동안 동해의 물이 다 마를 때까지, 백두산 돌이 다 닳아 없어질 때까지 영원토록 우리 민족을 보우해 주실 것을 하느님께 빌어 왔다. 그렇게 살아오던 일부의 사람들이 언제부터인가 툭하면 패를 지어 큰소리 내는 일이 잦았다. 그것이 나라를, 사회를 사랑하는 일이라고 선동하고는 했다. 사람들은 별 관심을 보이지 않았다. 말과 다르게 이웃을 힘들게 하고 불편하게 하는 것이라 생각하기 때문이었다.

그리스도 교회는 하느님과 인간, 인간과 인간 사이에 지켜야 할 계명을 명시하고 있다. 하느님과 인간의 관계는 별개로 하더라도 효도하라, 살인하지 말라, 도둑질하지 말라, 간음하지 말라 등 인간으로서 당연한 윤리적 문제까지도 계명으로 삼아 상기시키고 권고하는 것은 세상의 평화를 바라는 것임을 알 수 있다. 특정 종교인이 아니라 하더라도 우리의 삶 속에서 부지불식

간의 죄를 짓는 일은 다반사다. 그때마다 양심이 내는 소리를 들을 수 있다면 그보다 다행스러운 일은 없을 것이다.

정치인, 학자, 언론인과 기업인, 금융인, 근로자들이 서로의 소리를 귀담아 듣을 수만 있다면 우리는 다툼이 없는 정제된 풍요로움을 나눌 수 있을 텐데.

인내천(人乃天)의 의미는 하늘이 곧 사람이고 백성이라는 뜻이다. 부딪치는 문제를 도저히 풀 길이 없다고 생각될 때, 더이상 희망이 없다고 판단될 때 우리는 결과를 하늘에 맡긴다는 말을 한다. 하늘은 그저 넓고 텅 비어 있는 것처럼 보이지만 그 그물이 넓고 넓어 무엇 하나 새거나 잘못됨이 없이 완전하다고 했다.

이제 모든 감각이 무뎌가는 나는, 그립고 아쉬움 때문인지 지금도 그때의 마음으로 하늘을 올려다보곤 한다. 행여 들림이라도 있을까 해서.

# 부끄러운 줄 알아야지

가족끼리 슬로베니아 블래드성을 오르다가 길가 어느 집 마당에서 말을 만났다.

이리 와, 착하지. 아내가 부르는 소리를 알아듣기라도 하듯 말이 풀밭을 걸어온다. 울타리 사이로 내민 아내의 손끝 가까이에서 코를 벌름거린다. 아직 굴레를 씌우지 않은 어린 말이다. 이리저리 굴리는 까만 큰 눈이 천진스러워 꼭 안아주고 싶은 충동이 인다. 긴 다리와 늘씬한 허리, 곧추선 갈기는 문외한인 우리 눈에도 예사말이 아닐 성싶었다. 마당 한쪽을 막아 말을 기르는 여유가 부러웠다.

'웰트 마이어'라는 말이 생각난다. 한 국가의 정권을 기로에서게 한, 세계적인 기업을 뿌리째 흔들리게 한 말의 이름이다. 얼마나 뛰어난 말이기에 그런 경천동지의 힘을 가졌단 말인가!

권력의 압력으로 엄청난 말의 몸값을 기업이 제공하여 특정인에게 주어졌다는 것이 사태의 발단이다. 말은 죄가 없다. 제 몸값도 모른다. 부당한 압력이 있었는지 부정한 거래가 있었는지도 모른다. 그런 일로 시시비비를 만든 것은 인간들이다. 길들여진 대로 힘껏 달리고 뛰어 주었을 뿐이다. 좋은 말인 만큼 값비싼 사료를 먹였으리라. 인간이 그렇게 복에 겨운 대접을 받는다면 '김영란법'의 위반으로 당장 죄가 될 것이나 말은 거기에서도 자유롭다. 좋은 종자를 골라 잘 먹이고 고도의 훈련을 시키는 것 등은 인간의 욕망에서 비롯된 것이다. 화제의 말은 이곳에서 멀지 않은 독일에서 길러지고 훈련된 말이라는데, 기회만 주어진다면 이 말도 그에 못지않을 말이 되지 않을까 생각해본다.

어릴 적 등하굣길에 곡식 가마니를 잔뜩 싣고 언덕을 오르는 말을 보았다. 헉헉 숨을 몰아쉬며 앞발굽으로 땅을 파듯 찍어가며 힘겹게 오른다. 비지땀을 흘리며 가는 데도 더 빨리 걸으라고 채찍을 맞는다. 힘든 일을 하면서도 겨우 한두 바가지의 쌀겨나 보리겨를 얻어먹는 흔한 광경이었지만 말이 불쌍했다.

오래전 헝가리의 부다페스트에서 옛 성을 관광하기 위해 두 마리의 말이 끄는 마차를 탔다. 말 오줌냄새가 고약했지만 이국의 향취려니 했다. 대리석 깔린 도로를 경쾌하게 울리는 말발굽 소리를 세며 주위를 둘러보는데 무엇에 놀랐는지 갑자기 말이 튀어 올라 맨 뒤에 앉은 일행 두 사람이 길바닥으로 떨어져 나뒹굴고 마차 안에서는 서로 뒤엉킨 일이 있었다. 말은 등에 탄 사람이 자신과 호흡이 맞는 최적의 상태에서는 있는 힘을 다해 뛰어 준다. 그러나 맘에 들지 않으면 갑자기 무릎을 꿇거나 앞발을 치켜들어 사람을 낙마시키기도 하고 담벼락에 옆구리를 비벼 사람의 다리를 다치게 한다고도 한다. 사람이 시키는 일이면 죽을힘을 다해 순종하는 동물이라 생각했는데 그렇게 감정 표출도 하나 보다. 우리 일행의 무엇이 못마땅했던지, 내가 직접 당해 본 것은 그때가 처음이었다.

산업의 발달과 문화의 발전으로 그동안 기마나 교통수단으로 쓰이던 말이 생활에 여유가 생기면서 경마와 승마로 관심을 끌기 시작했다. 가끔은 시비도 생기지만 선두를 제치고 총알처럼 튀어 나가는 다크호스는 사람들을 열광시키기에 충분했다. 승마도 스포츠와 건강을 위한 취미생활로 현대인이 선호하는 관심의 대상이다. 그러나 승마는 아무나 할 수 있는 것이 아니다. 국가 대표급 승마 선수가 되거나 여유 있는 사람들에게나 가능한 얘기다. 건강에 도움이 되는 것은 사실이지만 그보다는 박차가 달린 장화에 채찍을 쥐고 말 위에 앉으면 자신의 품격이 돋

보이고 부유하게 보일 것이라고 생각하는 사람들이 있다. 경마는 달리는 말이 주인공이지만 승마는 등에 올라앉은 사람이 그렇게 보이기 때문이다. 좋은 말을 제대로 키우고 관리하는 일은 서민들에게는 꿈도 못 꿀 일이다.

나도 한때 말을 탔다. 푹신한 말이 아니라 딱딱한 대나무 말(죽마)였다. 다다다다 돌멩이를 이리저리 피해가며 대나무 막대기가 내는 소리를 말발굽 소리 삼아 고샅을 누빈다. 또래들과 타는 말은 그날의 놀이에 따라 기마도, 경마도, 승마도 되었다. 대나무 윗부분을 사용하면 낭창거려 타기가 좋지만 아래 굵은 부분은 통통통 하는 충격이 그대로 전해져 오래 타면 가랑이 사이가 얼얼했다. 그래도 좋았다. 그 놀이가 그렇게 신이 났기 때문이었다.

외국을 다녀온 친구가 대롱 속에 말이 들어있는 자동차 열쇠고리를 선물했다. 투명한 액체가 출렁일 때마다 튀어 오르는 말이 활기차 보여 자랑하며 오래도록 가지고 다닌 적이 있었다.

끝없이 이어지는 가파른 계단을 올라 '블래드성' 앞에 섰다. 짙은 연둣빛 5월의 바람이 땀 밴 얼굴에 상쾌하다. 저 멀리 만년설을 이고 우뚝 서 있는 봉우리가 눈에 들어온다. 그 위용과 기세가 단번에 나를 압도했다. 이 지방의 예술인들이 뛰어나고, 말도 기량이 출중한 것은 바로 저 봉우리의 기상 때문이 아닐까. 흰 눈에 덮인 저 봉우리는 분명 알프스다. 그렇다면 저 아래는 오스트리아쯤 일 게고 봉우리 너머가 스위스, 그 위쪽이 독일이 아닐까. 멀게만 느껴지던 유럽이 내 시선 끝에 모여 있다는 생각을 해 본다.

눈이 시려 시선을 아래로 향한다. 한가운데 작은 섬을 안고 있는 블래드호수가 숲에 둘러싸인 채 조용하다. 눈 덮인 봉우리를 언제나 사진처럼 그 안에 간직하고 있다는 호수다. 지금껏 민주국가 공산국가 할 것 없이 수많은 지도자들이 이곳을 다녀갔다지만 누구도 이곳을 더 새롭게 개발하자고 나선 사람이 없었다고 한다. 만년설의 차가움을 가슴에 품고 묵묵히 견뎌온 인고의 세월, 그 정기가 서린 출중한 경관을 손댈 엄두를 감히 내지 못했던가!

성을 오르기 전 만났던 말이 다시 생각났다. 영겁의 세월을 저렇게 이어온 봉우리의 기개를 닮을 수 있다면 너도 명마가 될 수 있을 텐데…. 말 못 하는 동물을 사이에 두고 서로 삿대질하는 인간들을 만날까 봐 '싫어요, 이대로가 좋아요.' 천진스런 눈동자를 굴리며 내 귓전에 속삭이는 것 같다. 누가 옳고 누가 그르던, 그 일로 한 나라 국민이 나뉘어 상처를 주고받는데 말인들 마음이 편할까. 어느 정치가가 생전에 자주 입에 올렸다는 말이 생각난다.

'부끄러운 줄 알아야지.'

# 이번에는 삼진 아웃

태풍이 일본 큐슈를 지나 올라오고 있다고 한다. 이번 태풍 다나스는 강풍과 수증기를 많이 품고 있어 한라산에는 1,200mm 이상의 호우가 있을 것이라는 걱정스런 예보를 하고 있다. 그런데 또 다른 형태의 태풍이 우리를 조여오고 있음을 감지한다.

백 년도 훨씬 전에 일본에 의해 불어닥쳤던, 지금껏 제대로 마무리 짓지 못해 다시 이는 바람이다. 일본 총리와 정부는 우리 사법 당국의 '강제징용자 배상판결'에 강한 불만을 갖고 우리나라를 수출 우대국인 백색 국가에서 제외하겠다고 한다. 반도체를 가공, 수출하는 원자재 공급을 까다롭게 허가하거나 아예 중단함으로써 우리에게 경제적 타격을 주려는 것이다. 자기들이 저지른 과거의 잘못을 원하는 대로 처리해 주지 않는다고 트집을 부린다. 우방의 지도자나 정부가 해서는 안 될 저급하고 비겁한 보복성 행동이다. 모두가 초조와 불안 속에 안절부절못하는 사이, 그렇게 겁을 주던 태풍 다나스는 어느결에 소리 없이 빠져나가 버렸다. 자연 발생한 바람은 이렇게 소멸했다. 하지만 인간이 의도적으로 만든 바람은 그렇게 끝나지는 않을 것 같다.

우리는 끊임없이 바람을 만들어 낸다. 잠시도 조용할 날이 없는 정치 바람, 때만 되면 열병처럼 앓고 지나가는 선거 바람, 자식 교육이라면 앞뒤 가리지 않는 치맛바람, 혼란한 틈을 타서 사회에 두엄 냄새 풍기는 퇴폐 바람까지 손가락으로 다 꼽을 수가 없다. 이런 판국에 요즘 주변국들 사이에서 이는 바람 또한 심상치 않아 보인다. 일본의 우리 정부에 대한 정치적 돌출 행동, 중국과 러시아의 이런 사태를 부추기는 듯한 태도, 거기에 북한의 잦은 무력시위, 이 모든 상황을 들여다보면서도 방관하는 듯한 미국, 이러한 모든 일이 우연히 일어난 것으로 보이지 않는다. 그러는 사이, 일본 정부는 각의에서 기어이 우리나라를 백색 국가에서 제외하는 실수를 저지르고 말았다. 그러지 않기를 간절히 바랐는데. 각고 끝에 겨우 일어선 우리 경제를 그대로 두고 볼 수 없다는 심산인가. 그래서 자기들이 주장해 온 자유무역 질서까지 스스로 깨트려 무엇을 얻자는 것인가.

과거를 거울삼아 현재를 판단, 미래를 예측하는 것이 역사다. 일본은 '정명가도(征明假道)'라는 손가락질로 두 차례나 우리나라를 침략하여 쑥대밭을 만들고 결국은 식민지로 삼았다. 대동아공영이라는 과대망상으로 중국을 침략, 삼십만 명 난징시민을 학살했다. 베트남에서는 군량미로 식량을 수탈하여 이백만 명을 굶어 죽게 했다고 한다. 미얀마를 비롯한 말레이시아, 필리핀 등 아시아 각국에 막대한 피해를 주었다. 마지막에는 태평양전쟁을 일으키고 미국을 선제공격하였으나 원자탄의 세례를 받고 비참하게 무릎을 꿇었다. 이제는 선진 경제 대국의 일원이 되었으니 세계평화에 이바지함으로써 속죄하는 것이 마땅한데, 이렇듯 질서를 파괴하고 있는 것이 저들의 모습이다. 경제침략도 침략이다. 아베의 일본 정부는 도요토미 히데요시, 이토 히로부미에 이어 세 번째 침략을 기도하는 것 같다. 이번에야말로 보기 좋게 삼진 아웃시켜 국제무대에서 퇴장시키는 것도 자신을 바로 보게 하는 기회가 되지 않을까.

역사는 결과를 예측할 수가 없다. 카오스(Chaos)이기 때문이다. 그때그때 작용하는 힘의 크기에 따라 그 결과가 달라진다. 날씨처럼 끊임없이 관찰하고 연구를 거듭한다면 어느 정도 예측이 가능한 카오스(Chaos)도 있다. 반면에 시장의 물가처럼 전혀 예측이 불가능한 경우가 있다. 정치도 지금 우리가 겪고 있는 국제 정세만큼이나 혼란스럽다. 내일 어느 곳에서 어떤 사건이 터질지 아무도 알 수 없다. 이번 일로 양국 간 국민 감정이 상처받지 않아야 한다. 감정은 행동을 촉발하지만 그 해결은 언제나 이성의 몫이다. 이웃과 다툼이나 국가 간에도 성격이 급한 편이 지기 마련이다. 감정을 앞세우면 그만큼 판단이 흐려지기 때문이다. 이럴 때일수록 냉정함을 되찾고 시선을 멀리 두어야 한다. 인류 최초의 함무라비 법전에는 '눈에는 눈, 이에는 이'라는 동해보복형(洞害報復刑)의 기록이 있다지만, 부처는 자비무적을 설했고 예수그리스도는 성경에서 원수를 사랑하라고 가르쳤다. 그 시대에도 용서하고 사랑하라고 역설했는데 오늘을 사는 우리가 맞서 싸워야 하겠는가?

최근 독일 외상이 폴란드를 찾아 또다시 사죄했다는 소식은 우리에게 신선함으로 다가온다. 독일 국민은 나치당이 저지른 만행을 끝도 없이 속죄하고 뉘우치고 있음을 보여준다. 이대로 가면 아베 총리와 일본 극우 인사들의 종착지가 어디일까 걱정스럽다. 일본인은 예의 바르며 친절하다고 들었다. 물론 일반 국민은 지금도 그러리라 믿고 싶다.

물은 하룻밤 추위로 꽁꽁 얼지는 않는다. 한강도 혹독한 추위가 며칠간 계속되어야 두껍게 어는 것을 볼 수 있다. 이번 일에도 일본 정부는 오래전부터 작심하고 계획한 것 같다고 한다. 우리의 대처에 문제는 없었는지 생각해 볼 일이다. 모두가 단결해야 할 지금 상처 줄 말로 서로가 편 가르기나 않는지. 식민지 시대를 겪어왔고 분단 상태에 있는 우리는 더이상 갈라서는 것만은 안 된다. 일 초를 몇백으로 쪼개 써도 바쁘다는 이 시대인데 왜, 과거에 붙잡혀 있는가. 너에게서 나온 것은 결국 너에게 돌아간다는 공자님 말씀을 되새겨본다. 결과를 놓고 고민하기보다는 그런 일이 생기지 않도록 평소 정확한 판단이 있어야 한다는 것이 내 생각이다.

5월부터 9월 사이에 일본에서 불어오는 바람이 동남풍이다. 보리를 수확하는 시기에 비를 몰고 와 힘들게 하는 이 샛바람을 농부들은 몹시 싫어한다. 어느 해에는 계속되는 샛바람으로 애써 수확한 보리를 말리지 못해 몽땅 썩힌 농가들이 많았던 때가 있었다. 한 해에도 몇 번씩 일본을 통해 오는 태풍은 그때마다 얼마나 크고 깊은 생채기를 남겼는가. 자연현상이라 하더라도 그 고통이 결코 작지 않았다. 거기에 자신들이 만든 이 바람까지. 우리가 얼마나 더 고통받길 바라는지. 이번으로 모든 것을 끝맺고 좋은 이웃이 되었으면 하는 바람이다.

# 나는 살아야 하고 너는

부정 투개표 시비로 끌고 가려던 트럼프의 의도가 좌절되고 미국 제46대 대통령선거도 끝이 났다. 지금까지 자유민주주의를 지키고 세계 질서유지에 앞장서 온 나라가 미국이다. 전 세계 사람들은 이번 선거를 숨죽인 가운데 지켜보면서 이것이 아메리카 신드롬을 만들어 내던 미국의 본 모습이었던가, 놀라움과 우려를 나타내었다. 그러나 바이든의 승리로 그동안의 우려가 기대로 바뀌며 안도의 반응이 나타나기 시작했다.

그만큼 지난 선거는 미국인의 근본정신인 자유민주주의를 반드시 지켜야 할 것인가. 트럼프의 정치적 야욕으로 지난 60년대 미국에서 가까스로 자취를 감췄던 백호주의가 다시 살아나도록 방치해야 할 것인가를 선택해야 하는 한 판의 결전이었다.

연합국에 가담하여 원자탄으로 2차대전을 종식시키고 등장한 나라가 미국이다. 이후로 미국은 세계 경찰국가로서의 역할을 해왔고 공산주의와 맞선 자유우방의 보루가 되었다. 역대 미국의 지도자들은 자국 문제 못지않게 세계의 자유와 평화를 위해 정치, 경제 정책을 펴왔다. 최근 미국이 지구의 안녕과 건강을 위해 만들어진 각종 유엔의 기구에서, 나라 간의 협약체 등에서 하나둘 탈퇴하기 시작했다. 더구나 국제간의 안보를 위한 우방국들과의 방위비 분담금 문제를 일으키며 동맹관계를 약화시키는 등 미국의 국가 목적이나 의도와는 다른 방향으로 나가려는 것이 트럼프였다. 바이든은 모든 것을 트럼프 이전의 상태로 돌리겠다고 했다.

유럽은 척박한 기후와 토질로 어려움을 겪어왔다. 그런 그곳이 지난 수세기 동안 부를 누려온 것은 콜럼버스를 비롯한 수많은 탐험대의 아메리카 대륙과 호주 등의 발견이었다. 그들은 원주민의 노동력을 이용, 금은보화와 커피, 설탕, 목화, 담배 등 엄청난 부를 유럽에 가져다주었다. 덕분에 유럽에는 제국들이 출현했고 과학의 발달과 자본주의가 뿌리내리게 되었다. 유럽인이 향유했던 향락과 사치는 원주민과 흑인의 피와 땀이었다. 혹독한 노동력 착취로 원주민의 노동력이 바닥나자, 아프리카 흑인을 그들의 농장으로 실어날랐다. 엄청난 숫자가 농장에서 죽어 나갔다.

호주와 뉴질랜드는 영국인에 의해 원주민의 95퍼센트가 죽게 되었다. 특히 그 섬에서 1만 년 이상을 아무 문제 없이 살아오던 '타지메니아'인 들은 그들로부터 삶의 근거지를 잃었다. 영국의 선교사들이 그들에게 여러 가지 기술을 가르쳤으나 그들은 교육 받기도, 자식 낳기도 거부했고 이백 년 후에는 영국인들에 의해 타지메니아 인들은 멸종이 되었다.

자본주의가 문제점은 있었지만 지금까지는 가장 합리적인 제도로 인정받아 왔다. 1920년 공산주의가 등장한 이후부터 사라진 1990년까지는 공산주의의 끊임없는 도전을 받았다. 그 결과 공산주의의 감시로 자본주의가 크게 일탈하지 않은 덕도 보았다. 지금까지의 싸움에서는 자본주의가 승리한 것 같지만 경쟁자, 감시자가 없는 앞으로가 문제다. 불합리한 점을 보강해 더욱 좋은 제도로 발전해 나갈 것인지, 스스로 소멸되어 다른 제도가 생겨날 것인지.

지금은 인간 자신의 생각이 가장 중요하다는 인본주의가 서서히 뿌리를 내리고 있다. 인본주의도 자유민주적 인본주의, 사회적 인본주의로 나눠지고 있다. 자유 인본주의는 개인의 자유 생각을 최선으로 하는 것이며 사회적 인본주의는 개인보다는 집단을 먼저 생각한다. 자유적 인본주의자들은 정치는 유권자가 가장 잘 알고 경제는 고객이 옳다고 주장하는 반면, 사회적 인본주의자들은 정치는 정당에 의하여, 경제는 노조가 알아서 하는 것이 합당하다는 주장을 굽히지 않는다. 두 집단 모두가 인간의 삶과 행복을 위한다는 목적에는 틀림이 없지만 다툼의 결과는 끝까지 지켜보아야 할 것이다.

한 해 농사가 시작되는 때가 되면 고향 마을에는 백로가 찾아온다. 마을 가운데 멋진 자태의 소나무 위에 둥지를 틀기 시작하고, 멀리서 보면 푸른 소나무에 둘러싸인 하얀 백로들이 평화롭고 아름답다. 한 달 남짓 집을 다 지을 무렵이면, 연한 잿빛의 황새가 날아든다. 그날부터 두 집단 간의 사느냐 죽느냐의 무서운 싸움이 시작된다. 조용하고 포근해야 할 봄밤에도…. 며칠씩 싸우다가 조용해서 보면 백로는 사라지고 황새가 천연덕스레 백로의 집을 차지하고 있다. 그렇게 새끼를 치고 살다가 여름이 지나면 떠나간다. 큰 태풍이라도 지나가면 소나무 밑 여기저기에는 긴 부리에 뱀을 반쯤 문 채 죽은 황새 새끼들이 떨어져 있다. 소나무 밑은 배설물과 악취로 식물들이 말라죽었다. 백로와 황새가 드나들고 싸우면서 보기좋던 소나무들의 잎은 다 떨어지고, 가지만 남은 나무는 죽거나 태풍에 뿌리가 뽑히고 벼락으로 부러지는 등 그 아름답던 동산이 한동안 폐허의 황량

한 모습으로 변한 적도 있다.

우리 주위에도 눈만 뜨면 싸우는 곳이 있다. 어떤 때는 밤에도 싸운다. 국회다. 국민을 행복하게 해주려고 싸운다면 백 번 고마울 일이다. 자신이 속한 정당이나 정파를 위해 365일을 싸우는 것이다. 양보와 타협은 없다. 독립선언문의 공약삼장이라도 실천하는 양 최후의 일인까지 최후의 일각까지 잘도 싸울 태세다. 방송에 출연해 상대편의 잘못을 지적하면서 법조항을 들이대는 선량들을 보면 귀신도 혀를 내두를 정도다. 상대편이 지적하는 자기 정당이나 자기편의 잘못에는 절대 함구한다. 어느 것 하나도 잘못이나 실수가 없는 신 같은 존재라고 자처하기 때문이다.

'정치는 국민의 아픔을 치유해주고 불편한 마음을 편하게 해주는 것이다.'라는 조선 정조의 정치철학이 여상여보(如傷如保)다. 요즘 정치인들은 국민의 아픔이나 불편함은 안중에 없다. 어떻게 하면 자신들의 권력을 조금이라도 더 키우고 유지할 것인가에 몰두하고 있는 것이 사실이다.

정의가 무엇이냐고 물으면 사람들은 힘, 그것도 막강한 힘이라고 대답한다. 믿지 못하겠거든 국회를 보라고 한다. 모든 법률은 힘을 가진 자기들 유리한 대로 만들기 위해 지금도 싸우고 있지 않느냐는 것이다. 그러면서 손가락으로는 국민을 가리킨다. '탁위인언'(托爲人言: 속셈은 자기들, 핑계는 국민)이다.

현 국회를 보면 백로와 황새가 싸우던 고향 마을이 떠오른다. 서로 사이좋게 지냈더라면 아름다운 그 동산에서 지금도 평화롭게 살 텐데.

아담스미스는 1750년, '내 파이가 커지면 네 파이도 커진다. 이기주의가 이타주의가 된다.'고 했다. 이제는 권력 다툼, 밥그릇 싸움, 이데올로기 시비에서 자유로워야 할 때가 아닌가. 어느 역사학자는 21세기는 인간에게 불멸, 행복, 신성을 가져다줄 것이라고 했다. 그런 삶을 살려면 '나는 살아야 하고 너는…'의 심보는 버리는 것이 바른 판단이 아닐까.

# 빛의 고을

5월이 오면 광주라는 이름이 뜬다. 당연하다. 40여 년 전 5월 광주에서 군사정권에 의한 억압과 자유 말살에 항거하는 의거가 일어났기 때문이다. 그런데 학생, 시민, 희생자 유족에 의해 치러져야 할 5·18 광주의거 기념 및 추모 행사에 언제나 정치인들이 몰려들어 선명해야 할 그 빛을 흐리게 한다는 점이다.

올해도 차기 대선주자가 될 정치인들이 참석하고 어떤 주자는 자기 정당의 행사를 그곳에서 벌일 예정이라고 한다니 남의 잔치에 가서 내 집안 행사를 치르는 꼴이 아닌가. 정치인이 되면 누구나 5·18 광주의거 기념행사에 참여해야 된다는 규정이라도 있다는 것인가. 특히 대선이 있을 때면 대선 후보자들이 적어도 몇 번은 망월동 희생자 묘역을 찾아 참배하는 광경이 TV 화면이나 신문에 크게 보도된다. 그것이 순수한 감정의 발로일까? 뜻이 그렇다면 살짝 왔다가 조용히 가면 된다. 5월과 정치인들의 행보를 무리하게 연관 지을 필요는 없지 않을까.

광주는 학생운동의 발상지다. 1929년에 있었던 광주학생사건은 광주 고등보통학교 학생들이 조국의 독립과 민족차별에 항거하여 일으킨 사건으로 3·1만세운동과 신의주학생사건에 뒤이은 일본인들의 간담을 서늘하게 한 학생운동이었다. 또 1980년 5월에는 군사정권으로부터 자유와 민주주의를 지키기 위해 수많은 시민이 죽고 피를 흘렸으며 40여 년이 지난 지금까지도 그 상처를 다 치유받지 못해 현재까지 재판이 진행 중이다. 이렇듯 광주는 학생들이 거룩한 피를 흘린 곳이며 자유를 지키기 위해 시민들이 값진 희생을 한 우리 민족 빛의 고을이며 신성한 땅이다. 그 거룩함을 기리고 기억해야 할 날을 어떤 이유나 명분으로도 흐려서는 안 될 것이다.

언제부터인가 정치라는 두 글자가 어떤 단체나 조직의 이름 앞에 붙으면 부도덕하고 불명예스런 낙인이 찍히고 있다. 근래에 와서는 일부를 가리키겠지만 사명감을 갖고 국방을 하는 군인, 엄정하게 법질서를 집행해야 할 검찰을 권력과 결탁하는 정치집단이라고 비난하고 있다. 이 또한 정치인 스스로가 만들어

붙이지 않았나 싶다. 정치라는 단어는 우리에게 행복과 희망을 주는 정감 어린 것이어야 하는데 이 시대에 와서는 부정적 의미만 부각이 되는 것 같다. 왜 그래야 되는가!

1980년대 광주는 해마다 5월만 되면 상처가 덧나 그 아픔으로 말할 수 없는 고통을 겪고 있었다. 매일같이 오후 두 시경이면 '왜 쏘았지, 왜 찔렀지, 트럭에 실려 어디 갔지' 노래를 부르며 시위대가 몰려왔다. 대기 중이던 경찰은 최루탄을 퍼부었다. 가장 번화한 금남로와 충장로의 상가들은 문을 닫아야 했다. 시위가 끝나도 도로 위에는 최루가스가 겹겹이 쌓여있어 차가 주행하거나 바람이 불면 다시 퍼져 버려서 활동할 수가 없었다. 아름답고 꽃향기 가득해야 할 5월에 광주만이 겪는 고통이었다.

1980년 5월 18일 일요일 아침, 친구들과 부부동반으로 부여 낙화암으로 하루 여행을 떠나려고 전남도청 앞으로 모였다. 학생들이 도서관에 들어가려고 전일빌딩 앞에 줄 서 있는 평화로운 모습을 보며 출발했다. 그런데 밤 9시경 돌아왔을 때 거리는 통행인 한 사람, 지나가는 차 한 대 발견할 수 없는, 광풍이 쓸고 지나간 듯한 폐허와 쓸쓸함 그것이었다. 방향이 같은 우리 일행이 가까스로 잡은 택시 한 대에 뒤 트렁크까지 열고 열한 명이 타야만 했다.

갑자기 들이닥친 군인들이 도서관, 학교, 거리에서 학생들에게 가한 만행에 분노한 시민들이 들고 일어났다. 군인들은 무차별 사격을 하여 많은 시민이 죽고 다쳤다. 방송국은 불타 버렸고 전화도 끊겨 소통도 할 수 없는 절망적인 상황에서 두려움에 떨며 헬리콥터에서 뿌리는 전단과 시민들에게 집으로 돌아가라는 선무방송만을 들으며 견뎌야 했다. 그렇지만 경찰도 없는 치안 부재의 전장터 같은 상황에서 의거가 끝나는 날까지 어느 곳의 은행, 상점 한 곳 털리거나 파괴되었다는 소문이 없을 만큼 광주 시민의 질서의식은 확고했다.

우리 민족은 많은 변화를 겪으면서 그 고통을 견뎌왔다. 일본의 식민통치, 해방 후 4·3사건과 여순사건 등 좌우 대립으로 인한 갈등과 뒤이은 한국전쟁, 4·19의거. 일일이 열거할 수 없을 만큼 정치적 격변이 줄 지었다.

1960년 3·15 부정 선거가 있던 날 아침, 서리가 하얗게 내린 보리밭 사이의 길로 검정 두루마기를 입은 옆집 아주머니 두 분이 팔에 '자유당' 완장을 차고 걸어가고 있었다. 우리 부모님은 투표권도 받지 못해 분을 삭이고 있었다. 그것을 안다는 듯 나를 힐끗힐끗 돌아보며 자랑이라도 하듯이 앞마을에 마련된 투표소로 향했다. 내가 알기론 두 분 다 글을 못 읽는데….

예년 같으면 읍내 학교 강당에서 투표했는데 부정을 하기 쉽도록 여러 군데에 분산하여 투표소를 만든 것이었다. 아버지는 이기붕과 자유당을 몹시 싫어하셨다. 그러나 대통령에게는, 저분이 못된 인간들 눈가림에 속고 있는데 저러다가 큰일을 당할 것이라고 안타까워하셨다. 신문도 가장 공정에 가깝다는 동아일보만을 구독하셨다. 나는 아버지 덕에 신문 읽을 기회가 많아 일찍 정치에 관심을 갖게 되었다.

지금은 이승만 초대대통령이 독재자, 외세를 업은 정치가, 친일파의 아이콘이 되어 있지만 내 기억 속에는 당시 국정 홍보 책자 '자유의 빛' 화보에 이화장 뜰에서 장작 패던 대통령과 구멍 난 양말을 꿰매려고 전구 알을 이용하던 프란체스카 여사의 사진이 눈에 선하다. 또 아침마다 학교의 대형 스피커에서 흘러나오던 국민을 걱정하고 염려하는 그 음성은 대통령이라기보다는 인자하신 할아버지였다. 그분은 누구보다 나라를 사랑하는 독립투사였으며 가장 어려운 때 대통령이라는 중책을 진 분이었다. 일본을 미워해 일본과는 왕래할 수 없도록 평화선(이라인)을 처음 그은 분으로 알고 있다. 나중에야 4·19 혁명이 일어났다는 소식을 들은 대통령이 학생들을 문병하는 자리에서 탄식을 했다.

"나 때문에 학생들이 죽고 다쳤구나. 국민들이 원하면 내가 하야해야지."

하며 하와이로 망명길을 떠났다. 경무대에 인의 장막을 치고 나라를 그 꼴로 만든 것은 정권 야욕에 눈이 먼 이기붕 일파와 자유당 정치인들이었다. 역사를 통틀어 보면 정치인은 공보다 과가 많은 사람들이라는 것을 알 수 있다. 정치인은 어떤 사람들인가. 당선되면 태도를 바꾸고 표 바라기로 사는, 국민은 안중에도 없고 당리당략에만 의리를 지키는 한마디로 진실하지도 성실하지도 않은 사람들이라는 것이다.

호남은 문자 그대로 물길이 좋아 농사가 잘되는 지역이다. 들판이 넓어 인심 또한 후하다. 조선시대 정치인들이 목숨을 건 당쟁을 벌였던 것은 산이 많은 이 강산에서 가문을 보존하며 생존해 가는 방법은 벼슬길밖에 없었기 때문이었다고 하는 학자도 있다. 농토가 넓고 비옥한 이 지역은 정치가보다는 문인, 학자, 예술가가 많이 배출된 곳이다. 조선 제일의 문장가인 백호 임제 선생과 옥봉 백광훈 선생이 여기에서 나왔으며 시인인 고산 윤선도 선생도 이곳 출신이다. 남종화의 대가인 소치 허련의 일가도 이곳에서 뿌리내렸으며 글씨로 유명한 소전 손제형 선생도 여기서 태어났다. 그래서 시를 짓고 읊으며 풍류를 즐기던 누정 문화가 발달한 곳이었다. 가장 왕성한 때는 누각이나 정자가 160여 개소나 되었다고 한다. 내가 자라던 마을 동산에도 연못 자리가 그대로 남아 있었다. 고산 선조 이전에 만들어진 것인지 그 이후의 것인지 확실치 않으나 못 가운데 연정이라는 정자

터가 있고 주위에 아름드리 붉은 소나무들이 분재를 키워 놓은 듯 빼어난 자태로 서 있었다. 큰 소나무의 바람 소리만 들어도 상상의 세계는 먼 옛날로 돌아가 집안 선조들의 삶의 자취가 한눈에 들어오는 풍치였다. 문학이 있고 예술이 있고 낭만이 있어 예향이라 불리는 이곳에 정치인들이 요란스레 오가는 모양은 아무래도 눈에 설다.

수탈과 착취에 견디다 못해 일어난 동학 농민봉기도 이 지역에서 시작되었다. 억압에 반사하듯 일어나는 것이 호남인의 태생적 기질인가! 거기에 문학과 예술을 즐기는 정적 생활이 조화를 이뤄 호방하면서도 인정이 많은 이곳 사람들의 인심이 되었던가. 저항과 희생의 숨결이 면면히 이어져 오늘에 이른 것이리라. 오월 그날이 영령들의 넋을 기리고 추모하는 품격 높은 민족의 대제전으로 세세만년 빛고을의 정신을 더욱더 밝혀주리라는 것을 믿어도 될 것이다.

# 4

# 높아도 넘고 깊어도 건너고

날아갈 듯 시원했던 순간

이별 리허설

왜 나를

목화가 되신 나의 어머니

만 리인들 멀겠는가

위와 아래

# 날아갈 듯 시원했던 순간

더위로 땅도 사람도 까맣게 타버릴 것만 같은 곳. 불가사의한 유적과 보물이 있는 신들의 나라, 이집트에 갔다. 입국수속을 하고 화물을 찾는 동안 벌써 등이 축축해 왔다. 내일은 일찍 국내선 항공기로 800km 떨어진 '룩소르'로 가야 하니 바로 호텔로 가서 쉬어야 한다는 가이드의 말에 만만치 않겠다는 생각이 들었다. 땅거미가 내리기 시작하는 길을 얼마나 달렸을까! 잘 정돈되지 않은 것 같은 카이로 시내에 도착했다.

호텔 로비에서 도시락을 받아 버스에 올랐다. 일찍 일어나야 한다는 조바심에 잠을 설쳐 계속 졸았다. 지평선 위로 솟는 시뻘건 태양이 대지를 태우기 시작하는 아침 9시경 룩소르에 도착했다. 지붕을 덮지 않은 낮은 벽돌집들이 옹기종기 모여 앉아 있었다. 거기 집들은 지붕을 덮지 않는단다. 지붕을 덮으면 그 때부터 세금이 부과되기 때문이다. 그래서 갈대나 풀잎 등으로 덮는데 강우량이 연평균 40mm 정도니 전혀 문제가 안 된단다.

룩소르에서 가장 규모가 크고 오래된 '아몬신'을 모시는 카르나크 신전으로 향했다. 신전 앞에 한 개의 거대한 오벨리스크가 하늘을 향해 그 위용을 한껏 뻗치고 있었다. 나머지 한 개는 나폴레옹이 이집트를 점령했을 때 가져다 파리의 개선문 앞에 세워 놓았다고 한다. 욕심을 낼 만도 했다. 그곳을 지나 들어가면 140여 개나 되는 매끄럽게 다듬어진 둥근 기둥들이 하늘을 떠받치고 있었다. 표면에는 람세스 왕들이 전쟁하는 그림, 업적들이 상형문자로 기록되어 있고 기둥 끝에는 양이나 뱀의 형상이 양각되어 있었다. 6,300년 전에 세워진 것이라고 했다. 과연 이것이 사람의 솜씨일까! 이 무겁고 긴 돌기둥들을 어떻게 이곳 사막 한가운데까지 옮겨다 세워 놓았을까. 의문이 꼬리를 물었다.

대략 1만 년 전 인류는 농경을 시작하면서 천지조화나 인간의 생사화복을 관장하는 절대적인 신이 필요했을 것이다. 나일강의 넓고 광활한, 홍수가 잦은 그곳이 더욱 그랬을지도 모른다. 감탄만 연발할 뿐 관광객들의 발걸음에 뿌옇게 피어오르는 흙먼지를 마시면서도 돌기둥들의 장관에 쉽게 자리를 뜨지 못했다.

더위에 헉헉대며 식당으로 들어섰다. 천장에서, 등 뒤에서 선풍기가 덜덜거리며 돌아갔다. 더위 때문인지 식욕이 느껴지지 않았다. 고기 냄새를 맡은 파리들이 땀범벅인 얼굴과 팔에 계속해서 달라붙었다. 고기 꼬치와 포크를 양손에 들고 음식을 먹고 있는데 악사들은 돈을 달라고 겨드랑이 사이로 손을 내밀었다. 불쾌감을 지나 혐오스러웠다.

오후에는 나일강의 동쪽 연안에 위치한 '테베'(룩소르의 옛 이름)의 공동묘지인 왕들의 골짜기를 찾았다. 희뿌연 빛깔의 석회암 구릉들이 겹쳐 있었다. 이집트 왕 파라오들의 시신이 안치된 곳은 피라미드였으나 도굴이 성행하자 파라오들은 그곳에 무덤을 숨기기 시작했다. 그러나 19세기에 이르러서는 도굴되지 않는 곳이 없을 정도였다.

10월 중순인데 기온이 섭씨 40도가 넘었다. 아내가 파라솔을 씌워주었는데도 뒷목덜미가 인두에 덴 것 같았다. 잠깐 서 있는데도 현기증이 났다. 관광객은 대부분 짧은 소매에 반바지 차림인데 주민들은 통풍이 잘되도록 팔소매가 길고 통이 넓은 옷을 입고 있어 금방 구별이 되었다. 앞사람의 엉덩이에 머리를 대다시피 몸을 굽혀 무덤 안으로 들어섰다. 직사광선을 피할 수 있어 한숨 돌릴 수 있었다. 살 것 같았다.

왕들의 계곡에서 유일하게 도굴당하지 않은 파라오의 무덤이 그곳 '투탕카맨'의 무덤이다. 그는 18왕조 12대 왕으로 1922년 영국의 하워드 카터에 의해 발견되었다. 보존될 수 있었던 것은 18대 람세스의 무덤을 만들던 일꾼들이 투탕카맨의 무덤인 줄 모르고 입구에 흙을 쌓아 덮어 버렸기 때문이었다. 무덤 안에는 석관과 미라가 있던 묘실, 대기실, 보물들이 쌓여있던 보물창고, 곁방들이 원형 그대로 보존되어 있었다. 미라와 거기에서 나온 보물 3,500여 가지는 카이로의 고고학 박물관에 전시되어 있다고 했다.

카이로로 돌아가기 위해 공항으로 향했다. 전날 오랜 시간의 비행, 그날은 하루 종일 뜨거운 태양 아래 모래밭을 걷는 일정으로 늦게 호텔에 돌아왔을 때는 손가락 하나 까딱할 힘도 없었다. 강행군이기도 했지만 케밥 종류의 입에 맞지 않은 음식도 한몫한 것 같았다.

다음 날 아침, 짙은 향의 커피로 다시 힘을 낼 수 있었다. 카이로 시내 관광이 시작되었다. 고고학 박물관에는 왕들의 무덤에서 출토된 유물과 부장품들이 가득했다. 특히 투탕카맨의 무덤에서 발굴된 황금 의자, 황금 마스크, 황금 이륜마차 등 귀금속 유물들이 갓 세공된 것처럼 반짝거린단다. 아내의 설명을 듣는 순간 그것들은 벌써 내 머릿속에서 광채를 내고 있었다. 미라를 지키는 호위병들의 복장, 장비도 정밀하게 조각되어 있었다. 고대 이집트 남성들의 신분을 나타내는 예리한 단도들이 형태와 재질에 따라 다양했다. 수천 년 전의 미라가 있는 것도 신기했다.

오아시스인지 샘이 솟는 주위에 관광객들이 모여 있었다. 아내가 내 사진을 찍었다. 일어서려는데 곁에 있던 이집트 소녀가 돈을 달라고 했다. 구걸인 줄 알고 1달러를 줬더니, 5달러를 달라는 것이다. 사진을 함께 찍었으니 모델료를 달라는 모양이었다. 옆자리의 외국인도 같은 일로 시비를 했다. 거리에는 어른 아이 할 것 없이 명함 크기의 파피루스 몇 장씩을 묶어 가지고 외쳤다.

"원 달러, 원 달러."

건장한 남자들이 뒷짐 지고 해바라기 하는 것도 종종 눈에 띄었다. 중국의 종이 만드는 기술이 서양에 전파되기 전까지는 파피루스가 서양 역사를 기록, 보존해 온 소중한 역사의 산물인데. 곳곳에 산재한 유적, 박물관마다 가득 찬 유물과 보물로 관광 수입이 엄청날 것 같은데 파피루스 몇 장을 팔아 생계가 유지될까. 거리에 경찰들이 많아 잘 지켜주니 안심해도 좋다고 가이드가 말했다. 관광객을? 구걸하다시피 하는 이들과 해바라기 하는 젊은이들을 지켜 준다는 것인지 아리송했다.

세계 7대 불가사의의 하나인 피라미드 관광에 나섰다. 카이로 주변에 70여 개의 피라미드가 있다고 했다. 똑같은 2.5톤 무게의 블럭 2만 3천 개가 쌓여 이루어진 세계 최대의 건축물이다. 엄청난 무게의 돌들이 한 치의 어긋남도 없이 정연하게 짜여있는 것을 보면서 이집트야말로 신들의 손에 의해 창조된 나라라는 것을 다시 한번 실감했다. 인류 최초의 문명 발상지의 중심에 서서 나도 그 시점의 일원이 된 것 같았다. 모래 위에서 되쏘는 볕은 화로 안의 불담 좋은 참나무 장작불처럼 얼굴에 이글거렸다. 열기 때문인지 숨쉬기도 힘들었다. 일행 중 한 부부가 더위에 지쳐 피라미드 관광을 포기했다. 나도 그런 유혹을 여러 번 받았다.

"덥고 힘든 그곳을 왜 가려는가?"

출발 전 지인들의 만류였다. 아마도 '잘 보지도 못하면서'라는 말은 차마 하지 못했을 것이다. 지난날 사진이나 책을 통해 이집트 유적들을 수없이 보아왔다. 그러나 곁에서 느낄 수 있는 현장감이야말로 기억으로만 남아 있는 그것들을 마음속 깊이 생생한 감동으로 채워주리라는 확신을 나는 갖고 있었다. 그 일정만은 기어코 해 내리라 마음먹었던 것이다.

스핑크스는 코끝이 깨어진 채 보호하는 울타리도 없이 주택가 가까이에 있었다. 소중한 문화 유적이라기보다 흔한 골동품 같다는 느낌을 받았다. 그곳은 기원전 알렉산더 대왕의 점령 시대로부터 그리스, 로마, 무슬림, 오스만 투르크, 프랑스, 영국에 이르기까지 수천 년 동안 이민족의 지배를 받아 왔다. 그동안 다른 민족들의 무관심 속에서 유적 곁에 주택들이 들어서게 방치되어 왔지 않았나 생각되었다.

중세 유럽은 암흑기였는데도 나일강의 끊임없는 범람으로 이집트에서는 수학이 발달했다. 아마존강 다음으로 긴 이 강은 중요 지점들을 이어주며 오늘의 이집트를 만들어 왔다. 크고 작은 배들이 강을 따라 분주히 오르내렸다. '나일강 물을 마신 사람은 반드시 돌아온다.'는 이집트 속담처럼 강 양편에 삶의 터전을 이룬 사람들이 바삐 움직이고 있었다. 석양을 붉게 태우며 지평선을 향해 기우는 태양빛으로 강은 온통 금빛 물결이 되어 출렁거렸다. 그 위를 유람선이 지나고 있었다. 강바람도 얼굴을 스칠 뿐 몸의 열기는 어쩌지 못한 것 같았다. 아스라이 보이는 유적과 강가의 풍경을 보면서 배에서 내뿜는 매연과 물 위의 기름띠만 눈에 띄지 않는다면 그런대로 태고의 신비와 현대를 아우르는 낭만이 있다고 할 수도 있겠다.

카이로의 가장 활기 넘치는 칸 엘 칼릴리바자르 전통시장에서 클레오파트라 여왕이 들어있는 투명한 수지로 된 피라미드 모형을 기념품으로 사 들고 공항으로 향하는 버스에 올랐다.

카이로공항에서, 가이드는 나를 처음 보았을 때 아찔한 현기증이 나더라고 했다. 그러나 다음 날 아침 호텔 식당에 맨 먼저 와 있는 것을 보고 마음이 놓였고 이어지는 일정에서도 항상 앞장서주어 일행들을 쉽게 안내할 수 있게 해준 내게 감사하다고 했다.

"저기 그리스 항공기가 보이네."

창밖을 내다보던 아내의 음성이 들렸다. 순간 오래전 어느 주간지 표지에서 본 오나시스와 재클린의 모습이 떠올랐다. 요트 위에서 거품 가득한 맥주잔을 부딪치며 푸른 지중해를 바라보던 그 모습이 얼마나 시원해 보였던가. 출국장 앞에서 툭툭 신발을 털었다. 그동안의 좋은 체험들은 마음속 깊이 간직하고 타는 듯하던 더위, 맞지 않은 음식, 그로 인한 불면 등 힘들었던 모든 것들을 털어냈다. 날아갈 듯 시원했다.

# 이별 리허설

항공사 카운터에서 탑승권을 받고 수화물을 부쳤다.

"여보, 잘 다녀오세요."

"응? 그래 응…."

아내를 잠시 의식하지 못했다. 아내 없이 가는 여행이라는 사실도 깜빡 잊고 있었기에 갑작스런 아내의 인사에 당황할 수밖에 없었다.

이번 여행은 딸네 식구와 함께 떠나기로 되어 있었다. 딸의 만류에도, 공항까지 전송하겠다고 나선 아내의 곁에 앉아 늘 하던대로 공항까지 왔다. 그렇게 오다 보니 전처럼 함께 가는 것으로 착각하고 있었던 것이다. 이별 아닌 이별을 해야 하는 내

심정을 아는지 모르는지.

“아빠, 빨리 갑시다. 면세점도 들러야 하고 시간이 없어요. 엄마 잘 가.”

딸이 재촉했다. 허겁지겁 출국 수속을 마치고 소지품을 확인하다가 아내 생각이 났다. 얼마나 내 염려가 될까. 연민과 미련으로 발걸음이 무거워 떨어지지가 않았다. 여느 때 같으면 안내방송에 설렘으로 몸도 마음도 가벼워져 게이트를 향한 발걸음이 빨라지는데 이번에는 그렇지가 않았다. 출발 시간이 조금 여유가 있어 게이트에 가까운 카페에 앉았다. 곁이 허전하다.

우리 부부는 신혼여행을 가지 못했다. 나이가 들어서야 그동안 가보고 싶었던 곳의 풍광을 찾아 나서게 되었다. 중세 유럽 교회의 박물관이다시피 한 스페인의 톨레도성을 찾았을 때 아내는 성벽을 쌓은 돌의 서슬을 내 손가락 끝으로 만지게 해주었다. 덕분에 오백 년 전에 세워진 성을 어제의 것처럼 보존해온 이곳 사람들의 문화재 애호 정신을 엿볼 수 있었다. 또 슬로바키아에서는 해발 1700m 높이의 산 중턱에 있는 호텔 앞 호숫가를 거닐며 크고 밝은 밤하늘의 별과 숨소리 하나 없는 숲, 호수에서 피어오르는 안개를 보며 그 광경과 정취를 제대로 표현해주지 못해 안타까워하던 아내였다.

프랑크푸르트의 한 호텔 식당에서는 이런 일도 있었다. 팬케이크 반죽을 수프로 알고 우리 일행들이 퍼다 먹었다. 쏘리 쏘리를 연발하며 놀라 당황해하는 직원을 보며 웃음 속에 아침식사를 했다. 아내는 보이는 모든 것을 내가 직접 본 것처럼 내 영혼 속에 담아 주려 애썼고, 갑자기 변하는 상황에도 차분하게 대처했다. 어디를 가나 팔짱 끼고 앞장서는 우리 부부는 일행들로부터 격려를 받았다. 배려와 이해로 시작했기에 여행을 반복하면서 우리의 정은 더욱 깊어졌다.

자식들과 함께하면서 가족 여행이 되었다. 그러다가 재작년부터 문제가 생겼다. 기르던 반려견이 시력 장애가 왔다. 또 배변과 배뇨를 잘 가리지 못하고 이가 없어 음식을 스스로 먹지 못하는 것이 큰 문제였다. 그런 녀석을 혼자 두고는 앞으로 가족 여행을 함께할 수 없다고 아내는 말했다.

딸아이는 여행을 좋아했다. 틈만 나면 이곳저곳을 다녔다. 이번 여행도 몇 달 전부터 함께 가자고 나를 졸랐다. 가고는 싶지만 아내 없이는 꿈도 꿀 수 없는 일인데, 딱 잘라 거절하지 못하는 내가 문제였다. 몸은 목적지를 향해 앞으로 나아가는데 마음은 아내를 따라가고 있었다. 지금쯤 고속버스터미널역을 지나고 있을까. 아니, 선정릉역에서 분당선으로 바꿔 탔을까.

기내에서 딸은 곁에 앉아 때때로 커피, 음료를 시키는 등 불편함이 없도록 정성을 다했다. 현지에서는 날마다 헬스장, 수영장에 데려갔고 추억에 남는 것은 현지 음식이라며 맛집을 찾아 다녔다. 덕분에 나일강에서 서식한다는 구수한 농어구이를 실컷 먹을 수 있었다. 그러나 왠지 마음 한구석이 텅 빈 것처럼 허전했다. 아내에게서만 느낄 수 있었던 향기 같은 것이 느껴지지가 않는 것이었다. 45여 년을 함께 살아왔는데도 순간순간마다 아내의 손길이 이리도 그리운 걸 보면 모르는 사이 아내의 손끝 정성이 내게 짙게 배었나 보다.

어릴 때 어머니가 잉꼬 한 쌍을 사 오셨다. 투명하게 울리는 듯한 새 소리가 듣기 좋았고, 서로의 깃털을 부리로 빗겨주는 것이 사랑 표현 같아 보기에 좋았다. 학교에서 돌아오면 나는 조롱 주위를 맴돌았다. 어느 날 조롱을 청소하다 그만 한 마리가 날아가 버렸다. 그때부터 남은 한 마리는 머리를 가슴에 파묻고 움직이지를 않았다. 소리도 내지 않고 먹지도 않았다. 그 모양이 너무 애처로웠다. 슬픔이 그대로 내게 투영되어 한동안 어린 내 가슴을 아프게 했다. 지금도 그때를 떠올리면 가슴 한편이 아려온다.

석가는 임종 때 제자들에게 '회자정리'를 설했다고 하지만, 아직도 신랑 신부는 '검은 머리 파뿌리 되도록, 하늘이 두 사람을 갈라놓을 때까지'라는 당부를 주례로부터 듣는다. 이별은 누구에게나 슬프고, 서럽고, 때로는 야속한 것이기도 하다. 그러나 절대로 해서는 안 되는 만고불변의 진리가 아니라 인간을 배려하려는 신의 섭리가 아니었을까!

요즘 자살하는 사람이 증가하고 죽음으로 맞는 이별이 많아진 것도 사실이다. 곳곳에서 전쟁 재난으로 사람들이 죽고 가족이 흩어지는 것을 볼 수 있다. 사고의 변환, 생활양식의 변화, 사회제도의 변천으로 갖가지 이별이 늘고 있다. 평생직장 개념이 사라져, 조기 퇴직이라는 또 하나의 이별의 아픔을 맛보아야만 하게 되었다. 가족을, 이웃을, 직장을 떠나는 것은 힘든 일이다. 연극 무용 등 공연 발표회는 사전에 반드시 '리허설'을 한다. 삶의 과정에서도 예기치 않게 찾아오는 이별의 고비를 잘 넘길 수 있도록 연습은 꼭 필요할 것 같다. 어느 나이 든 대중가요 가수가 구름에 바람 가듯 사는 것이 인생 드라마라고 노래했다. 청춘도 사랑도, 눈물도, 이별도 모두가 드라마라는 대목에서는 따라 부르던 나도 절로 고개가 끄덕여졌다. 그렇게 드라마처럼 살아왔기 때문이다.

외로울 땐 마음을 달래며, 고달플 때는 자신을 다독이며, 간간이 그리울 때는 뒤돌아볼 수 있는 여유로움을 가지고, 언젠가 홀로 떠나갈 그때, 나도 아내도 마음 가볍게 갈 수 있도록 이별 리허설을 확실히 해두는 것이 필요할 것 같다.

# 왜 나를

황소의 목에 힘껏 칼을 꽂던 투우사가 미끄러지며 넘어졌다. 날카롭고 단단한 뿔이 투우사를 향하려는 순간, 황소의 두 눈과 마주쳤다. 속눈썹이 긴 천진스런 눈동자였다. 그 눈이 투우사에게 묻고 있었다. 왜 나를(why me). 맑고 투명한, 슬픈 빛을 띤 눈동자의 물음에 그는 '잘못했어, 미안해'라는 말밖에 할 말이 없었다.

그날로 투우장을 떠난 투우사는 그때부터 반 투우 운동에 앞장서게 되었다고 한다. 슬픔으로 가득 차 보이는 눈동자에서 진심을 읽어 마음이 움직였을까? 소의 목 깊숙이 칼을 꽂던 자신을 떠올리며 그 잔인성에 몸서리쳤을지도 모른다.

왕이나 귀족들의 볼거리로 전해 내려오던 투우가 오래전부터 스페인의 국기(國技)로 자리 잡게 되었다. 스페인 동북부 프랑스 국경 가까이에 위치한 카탈로니아 왕국은 한때 에스파냐에 속했다가 지금은 스페인 안에서는 가장 인구도 많고 소득이 높은 자치주가 되었다. 주도는 바르셀로나로 스페인 제일의 항구도시다. 역사도 문화도 언어도 다르기에 바르셀로나 올림픽 때도 카탈로니아를 상징하는 깃발을 다는 등 자주독립을 위해 스페인 중앙정부와는 오랫동안 각을 세워왔다. 투우 반대운동을 맨 처음 전개한 곳도 이곳 카탈로니아주였다. 스페인의 대표적 문화가 투우와 플라밍고인데 그것을 반대하는 카탈로니아주에게 중앙정부는 압력을 가해 왔다. 그러나 동물을 잔인하게 죽이는 행위야말로 문화도 국기도 아닌 야만인의 행동이라고 카탈로니아주 정부는 강력히 반발하여 그 전해부터 바르셀로나의 투우 경기장의 문을 닫았다.

60년대 극장 벽에 붙어있던 '피와 모래' 포스터를 보면서 투우는 어떻게 하는 것일까? 궁금해했었다. 스페인을 여행할 기회가 생겨 오래전 기억이 떠올라 로잔에 있는 투우장을 찾았다. 기대를 갖고 찾아간 투우장 앞에는 야윈 소 한 마리가 매어 있을 뿐. 쓸쓸하고 황량해 보이기까지 했다. 그날은 투우장이 쉬는 날이었다. 바르셀로나에서 투우장을 다시 찾았을 때 위와 같은 내용으로 이곳의 투우장은 문을 닫았다는 안내인의 말이었다. 그의 말을 들으면서 이곳을 찾은 내 자신의 미욱스러움에 얼굴이 화끈거렸다.

까맣게 잊고 있었던 지난날의 기억이 떠올랐다. 유순한 동물의 소중한 생명을 빼앗은 일이다. 장난삼아 한 일이라고 자위했지만 지금 생각하니 그것은 잔인한 죄악임이 분명했다. 응달진 곳에 희끗희끗 잔설이 남아 있던 어느 저녁 무렵, 며칠 있으면 끝날 방학의 지루함을 못 참던 형과 나는 쥐를 잡을 때나 쓰던 강철 덫을 들고 나섰다. 평소 사람 왕래가 드문 산밭 가까이 있는 산길을 파고 덫을 놓았다. 파낸 흙은 멀리 버리고 주위의 검불로 조심스럽게 위장을 해두었다. 처음 해 본 일이기에 기대가 컸다.

아침 일찍 산에 올랐다. 곁을 따르던 개가 저만큼에서 움직이는 물체를 보고 컹! 소리와 함께 내달았다.

토끼 한 마리가 다가서는 우리를 보고 뒷다리로 버둥거렸다. 밤새도록 발버둥을 쳤는지 덫에 치인 두 앞발이 부러진 채 덜렁거렸다. 산밭에 먹을 것이 있나 해서 내려오다 치인 모양이었다.

"내 다리를 부러뜨리고 개에게 옆구리까지 물어뜯게 해 놓고 이런 나를 어떻게 할래."

마치 어금니라도 악물 듯한 표정으로 빤히 올려다보는 토끼의 핏발 선 눈이 무서웠다. 살려달라고 애원하는 눈빛이 아닌 원한에 가득 찬 핏빛 눈동자가 섬뜩해서 바로 볼 수가 없었다. 무엇을 잡았다는 뿌듯함이나 만족을 느낄 수가 없었다. 가책이 들어 뒤가 켕기는 것 같았다.

어둠 속에 갇혔던 소가 밝은 햇빛을 보면 흥분한다고 한다. 그런 소에게 붉은 보자기를 휘둘러 더욱 흥분시킨다. 절정에 달했을 때 말을 탄 사람이 소를 피해 다니며 긴 창끝에 달린 작살로 가장 힘을 쓸 수 있는 소의 근육들을 끊어 놓는다. 이렇게 힘을 못 쓰게 된 황소 앞에 마지막으로 칼을 든 투우사가 나타나 최후의 일격을 가하게 된다. 간혹 투우사가 희생이 되는 경우도 있다. 유럽에서 가장 평화를 사랑한다는 가톨릭의 종주국을 자처하는 곳이 스페인이다. 전통문화라는 이유로, 관광 상품으로 아직껏 잔인하게 동물을 죽이고 있다면 다시 생각해 봐야 할 일인 듯싶다.

인간이 생존을 위해 동물의 고기를 먹는 것은 어쩔 수 없는 일이다. 나도 지금껏 닭고기, 돼지고기, 소고기를 먹어 왔다. 그것과 볼거리로 생명을 빼앗는 것은 다른 일이다. 인류 역사를 통해 알 수 있듯이 소는 인간을 위해 가장 오랫동안 충실히 일해 온 동물 중 하나다. 그런 동물을 흥미로 그것도 힘을 빼 지치게 한 후 잔인한 방법으로 목숨을 끊어 놓는 것은 더 이상 문화도 아니고 경기나 스포츠도 아니다. 만물의 영장인 인간이

할 일은 더더욱 아니다. 위기의 순간에서 비참하게 죽어가던 황소가 했던 '왜 나를' 마지막 호소를 귀담아들을 수 있는 투우사의 아름다운 마음씨가 부럽다.

혈관에 주사만 꽂혀도 나는 몸이 움츠러 드는데 앞다리가 몽땅 부러진 토끼는 얼마나 아팠을까. 대자연 속에서는 몸집의 크고 작음, 수명의 길고 짧음에 관계없이 똑같이 주어진 것이 생명의 원칙인데 내가 무슨 권리로….

살아오면서 내 이익과 편리를 위해 이웃들의 마음에 상처를 입히고 고통을 준 일은 얼마나 많았던가. 석양이 곱게 내리는 바르셀로나의 투우장 앞에서 듣던 짤막한 일화가 내 의식 밑바닥을 '찡' 하는 울림으로 지나간다.

# 목화가 되신 나의 어머니

와이키키 해변이 내려다보이는 공원에 앉았다. 아내가 부드럽고 푹신한 무엇인가를 내 손바닥에 올려놓았다. 손가락으로 지그시 눌러 보니 씨가 집히는 것으로 보아 목화란 걸 금방 알 수 있었다. 서울에서도 구경하기가 쉽지 않은데 이 먼 곳에서….

통행이 많은 공원 길가에 피어서인지 하얗고 깨끗해야 할 목화가 탁한 회색이라고 한다. 언제부터인가 목화에서 나온 무명의 소중했던 그 가치가 이제는 기억에서 점점 멀어져 가고 있다. 가벼우며 부드럽고 질긴 다양한 재질의 옷감들이 얼마든지 나와 있기 때문이다. 그러나 면이 피부를 보호하고 건강에 도움을 준다는 사실은 여러 가지 실험에서 밝혀진 바다. 이 목화씨를 가져다 베란다에서 길러보고 싶다.

목화, 생각하면 내게 늘 떠오르는 장면들이 있다. 대여섯 살쯤이었을까. 어머니를 따라 목화밭에 갔다. 밭둑에 몇 그루 아름드리 소나무가 서 있는 산 밑 밭이었다. 우리는 매년 그 밭에 뒷그루 작물로 목화를 심었다. 개울 건너 저만큼 마을 회관에서는 인민재판을 알리는 징 소리가 징징 울리고 있었다. 회관 앞에서 떠드는 사람들의 말소리가 희미하게 들리는 거리였다. 어머니는 고랑을 잡아 김을 매기 시작했다. 이곳저곳을 기웃거리며 서성이던 나는 목화 줄기에 달린 다래를 보았다. 살구보다 작고 파랬다. 하나를 따서 입안에 넣고 깨물었다. 달콤하고 시원한 물이 쫙 퍼졌다. 맛이 있었다. 여러 개를 따서 단물만 먹고 버리기를 계속했다. 저만큼에서 어머니가 돌아보며 나무랐다.

"아가, 다래를 많이 먹으면 배탈 난다. 나중에 솜이 되는데 그렇게 버리면 못써."

숲에서 우는 뻐꾸기와 산비둘기 울음소리도 나를 나무라는 것 같았다. 가까이에서 우는 매미 소리는 길게 이어져 더위를 더 느끼게 했다. 계속되는 자연의 하모니도 싫증이 나 툭툭 발길질을 하다가 개미집을 발견했다. 쉴 새 없이 드나드는 개미들을 보다가 밭둑 아래 산다랑이 도랑물을 신짝에 담아 개미집에

붓는 심술을 부리기도 했다. 볕이 따가운 만큼 지루함은 더했다.

"시원한 나무 밑 그늘로 가서 놀아라."

어머니가 말했지만 들리지 않았다. 어머니는 김을 매면서도, 재판에 나가지 않고 사랑 마루방 지하에 숨어있는 아버지에게 알리기 위해 회관의 동정을 살피고 있었다. 아침이면 일찍 집으로 오는 일꾼이 글을 못 읽기에 골목에 붙은 방(벽보)을 찢어 아버지에게 갖다 드렸다. 재판을 받게 될 아버지의 죄목은 전답이 많은 반동분자였다. 무명 적삼이 땀에 젖은 어머니의 등에 찰싹 달라붙어 있었다. 적삼을 손가락 끝으로 당기며 이제 그만 돌아가자고 보채는 내게, 두 고랑만 더 매고 가자고 어머니가 달랬다.

회관 주위가 조용해지고 해도 설핏 기울었을 때 어머니는 호미를 놓고 일어섰다. 이랑 사이의 목화보다 더 무성하게 자란 열무를 뽑아 든 어머니가 앞장을 섰다. 목화밭 열무 잎으로 담근 김치는 막 담갔을 때는 코가 맵고 목구멍이 싸하지만 익으면 국물이 그렇게 시원하고 달콤할 수가 없었다.

추석도 한참 지난 어느 가을날이었다. 중학생이 되었어도 막둥이는 그렇듯 그날 나는 어머니를 따라 목화를 따러 갔다. 밭둑에 선 나는 '와' 탄성을 지를 뻔했다. 일곱 마지기 밭 가득 눈이 덮여있는 것 같았다. 그 위로 쏟아지고 있는 가을 햇빛에 눈이 부셔 잠시 그대로 서 있을 수밖에 없었다.

준비해 온 이불보를 한쪽에 펴고, 어머니는 앞치마에, 나는 허리에 두른 보자기에 목화를 따 담기 시작했다. 하얀 목화를 손가락으로 꼬투리에서 쏙쏙 빼내는 일은 재미있었다. 그렇게 딴 목화를 이불보 위에 쌓고 또 쌓았다. 얼마를 계속했을까?

숲 쪽에서 이상한 기척이 있어 얼굴을 돌리는 순간 갑자기 노루 한 마리가 튀어나왔다. 어머니와 내가 소리칠 사이도 없이 노루는 목화밭을 가로질러 그 옆 조밭으로 뛰어들었다. 작대기와 삽을 든 두 사람이 숲속에서 나와 목화밭을 가로지르려다 우리를 발견하고 밭둑을 돌아 조밭으로 달려갔다. 노루는 이미 건너편 야산을 오르고 있었다. 목화가 많이 밟혔겠다고 걱정하는 어머니를, 노루는 다리가 길어 겅중겅중 뛰어갔으니 목화가 그리 상하지는 않았을 것이라고 안심시켜 드렸다. 넘어진 김에 쉬어 간다고 우리는 목화 더미 곁에 앉아 가져온 시루떡과 물을 마시며 잠시 허리를 폈다.

'솨' 소나무를 스치는 바람이 친숙한 솔향기를 물씬 안겨주었다. 이불보 위에 가득 쌓인 목화 더미가 저 멀리 떠 있는 한 덩이 하얀 뭉게구름 같다는 생각을 했다. 어머니는 그 뭉게구름을 이고, 나는 메고 가벼운 솔바람을 뒤로 집으로 향했다.

씨아로 목화씨를 빼고 솜틀로 틀면 부드럽고 고운 솜이 나온다. 어머니는 그것으로 이불과 요를 만들고 솜옷을 지었다. 실을 뽑기 위해서는 수숫대에 솜을 싸서 말고 거기서 수숫대만 빼면 그것이 무명 고치다. 고치 끝을 물렛가락에 연결하여 물레를 자으면 그곳에서 실이 줄줄 풀려나와 가락에 감긴다.

추수가 끝나면 어머니는 부엌 일하는 사람에게 집안일을 맡기고 베 짜기에 들어갔다. 안방 곁 모방이 베틀방이었다. 세로로 걸린 무명실을 잉아로 단단히 잡아 베틀에 걸고 밤낮없이 베를 짰다. 베 짜는 소리가 그칠 때는 호롱불 아래서 돋보기를 쓰고 끊긴 올을 찾아 잇는 중이었다. 마당은 온통 푸른 달빛으로 가득한데 딸깍딸깍 소리가 처량했다. 북이 씨줄을 물고 북통 속을 왔다 갔다 내는 딸깍대는 소리에 어머니는 졸음을 쫓으며 가을밤부터 긴긴 한겨울 밤을 밝히셨다.

그렇게 짠 베에 본을 대고 오려서 재봉틀로 박아 어머니는 식구들의 옷을 지으셨다. 자식들과 농사일을 돌보는 사이사이, 누에도 치고 모시까지 가꿔 온갖 길쌈으로 철따라 가족들을 보살핀 어머니였다.

어느 해 가을, 목화를 따오는 어머니의 하얗게 센머리가 목화 같았다. 줄기도 잎도 꼬투리도 바짝 말라버린, 목화처럼 하얀 머리만 눈에 띄던 어머니. 애틋한 마음에 목화씨 몇 개를 손에 꼭 쥐어 본다.

있는 힘을 다해 항공기가 창공으로 솟아오른다. 순항고도에 이르자 자세를 수평으로 바꾼다. 조바심하던 탑승객들의 마음도 이내 편해진다. 등의자를 뒤로 젖히니 나도 편하다. 포켓 속 목화씨가 만져진다. 우리집 베란다도 목화로 환해질 것을 생각하니 흐뭇하다.

"하늘이 참 파랗다."

창 쪽에 앉은 아내의 나직한 중얼거림에 그 가을 목화 더미 곁에서 어머니와 바라보던 하얀 뭉게구름을 떠올렸다. 석양이 비치지 않은 동쪽 하늘이어서 더 파랗게 보였는지 모른다. 나는 어머니의 모습으로 피어날 목화씨와 함께 아련한 추억 속을 비행하고 있었다.

# 만 리인들 멀겠는가

지난여름은 견디기 힘든 폭염이었다.

"옥천에서 먹었던 어죽이나 먹었으면, 방송에서 보니까 청양에도 어죽을 잘하는 식당이 있다던데."

아내가 입맛이 없었던지 혼잣말을 했다. 좀처럼 음식 얘기를 입에 올리지 않는 아내이기에 한 번 가야지 하다가 잊고 있었다.

딸과 손녀의 형편에 맞춰 청양 가는 날을 토요일로 잡았다. 고속도로가 밀릴까 봐 스마트폰의 안내를 받다 보니 처음부터 소도시의 농촌 마을을 굽이굽이 돌게 되었다. 운전을 하면서도 아내는 내게 창밖 풍경을 설명하기에 바빴다. 80년대에나 볼 수 있었던 잎이 진 담쟁이넝쿨에 싸인 붉은 벽돌집, '추어탕'이라고 창문에 써 붙인 작은 식당, 낮은 다리를 건너면 구불구불 돌담이 이어지는 길을 가기도 했다. 가을걷이가 끝난 논바닥 군데군데에 비닐에 덮여 쌓인 볏짚 더미는 농촌에서 자란 나를 여지없이 그 추억 속으로 들어가게 했다.

너나 나나 입가에 마른버짐을 달고 학교가 파하면, 새로 돋아난 소나무순을 꺾어 속을 핥아먹거나 논둑에 난 삐비를 뽑아 허기를 채웠다. 보리가 날 때까지는 고구마로, 나물을 뜯고 물고기를 잡아 죽을 쑤어 끼니를 때우던 때가 엊그제였는데, 어느새 사람들은 미식가처럼 맛을 찾아다니고 있는 듯하다. 나는 그런 흉내를 내는 것이 아니라고 머리를 흔들어보지만 멀리까지 죽을 사 먹으러 간다는 사실에는 마땅히 할 말이 떠오르지 않았다. 목적지가 가까워 올수록 어딘가 마음이 편치 않았다.

흰 사발에 담긴 우중충한 빛깔의 죽이 떠올랐다. 숟가락으로 한 바퀴 휘저어 뜨면 불어난 알맹이가 그득 떠오르는 통보리죽이다. 서기 1955년, 아버지가 자주 입에 올리던 쌍팔년으로 내가 초등학교 3학년 때였다.

저녁을 차려놓고 일꾼 방으로 식사를 알리러 가던 부엌 일을 하는 누나가 호롱불 대신 부지깽이 끝에 불을 붙여 들고 가다가 안채 처마 가까이 있던 나락벼늘에 그 불이 붙고 말았다. 삽시간에 불은 집채만 한 벼늘 전체로 번졌다. 마을 사람들이 달려와 기와에 옮겨붙지 않도록 젖은 멍석으로 지붕을 덮는 한편 벼늘에 물을 퍼부었으나 거의 다 타버렸다. 타지 않은 밑 부분도 물에 젖고 불탄 냄새가 심해 식량으로 쓸 수가 없게 되어버렸다.

아침에 일어나 보니 무너진 벼늘 주위에 하얗게 튀겨진 벼 낟알들이 감꽃이 떨어진 것처럼 소복했다. 몰려드는 참새떼와 닭들이 마당에 가득했다. 어이없는 참사에 기가 막혀 참았던 화가 터져 나오는 소리인지 곁에 선 아버지의 목에서 이상한 소리가 났다. 벼늘 셋 중 하나가 타버렸으니 농사를 지어 자식들을 가르치는 우리집은 형님들의 등록금, 하숙비 등으로 곤란을 겪게 되었다.

이듬해 늦봄부터 햅쌀이 나올 때까지 식구들 모두가 통보리 죽을 먹어야 했다. 맛도, 빛깔도, 먹어도 힘이 나지 않는 죽을 하루 세 끼씩 한 계절을 먹었다고 하면 어디서 들었던 옛 얘기냐고 할지도 모른다. 그것에 비해 가끔 먹는, 표면이 윤이 나는 밀기울 개떡은 꿀맛이었다. 시누대 울타리처럼 마당가에 늘어선 단수수도 그해에는 남아나지 않았다. 감밭에 떨어진 감은 남김없이 물독 속에서 우려졌다. 운좋게 일꾼들이 남긴 밥그릇을 차지한 날이면 형에게 쫓겨 마당을 몇 바퀴나 돌았다. 그럴 때면 아버지에게 된통 혼이 났지만 조금밖에 남지 않은 밥을 형과 나눠 먹기는 싫었다. 연못가 붉게 핀 배롱나무꽃을 가리키며 저 꽃이 세 번 피면 쌀밥을 먹는다고 어머니는 우리 형제를 다독였다.

벼늘을 태웠던 그해 겨울, 그 누나의 할머니는 새경을 챙기고 누나를 데려갔다. 아버지는 가족들에게는 죽을 먹게 하면서도 일꾼들에게는 하얀 쌀밥을 먹였다. 당신은 담배를 말아 피우면서도 일꾼들에게는 꼭 궐련을 주었다. 한 해 일을 끝내는 일꾼에게 해주는 무명 한복은 늦더라도 반드시 집에서 거둔 새 솜을 놓아 지어주라고 했다. 아버지의 그런 생활철학이 내게도 습성화가 되었다.

얼마를 가다 보니 면사무소, 학교, 한과공장, 농협 등의 간판에 운곡이라 쓰여있어 청양이 얼마 남지 않은 것 같아 머리도 식힐 겸 잠깐 차를 세웠다. 맑은 개울이 흐르고 개울가를 따라 노란 들국화가 무더기 지어 피어 있었다. 키도, 꽃송이도 작은 것이 향은 왜 그리 짙은지. 몸이 두둥실 떠오를 만큼 한껏 그 향기를 들여 마셨다. 길 건너 담 안, 감나무의 잎은 다 졌는데 웬 감이 저렇게 많이 달렸는지, 붉은 빛깔이 너무 고왔다. 이마에 따가운 햇볕, 얼굴을 만져주는 바람, 어릴 적 고향의 가을을 여기서 만난 것 같았다. 조금 전 차 안에서의 무거웠던 기분이 한결 가벼워졌다.

이제 곧 맛있는 어죽을 먹게 될 것이라고 기대하고 있을 아내를 생각하면, 비록 서울에서 몇백 리 먼 길이지만 가족들과 외식 한 번 가는 것을 잠시라도 호사인 양 생각했던 내가 너무 소심하지 않은가 하는 생각이 들었다. 아내에게 미안했다. 통보리죽을 먹던 힘들고 피하고 싶은 기억들도 좋게 받아들이면 그리운 추억이 된다. 살아오면서 겪을 수밖에 없던 어렵고 힘들었던 고비마다 그것들이 인내와 지혜, 용기를 준 것에 감사해왔다.

핸들을 잡은 아내의 얼굴을 떠올려본다. 시각장애로 우여곡절이 되풀이될 수밖에 없던 내 삶을 힘들어하는 내색 없이 팔꿈치를 내밀어 준 사람이다. 그런 아내가 좋다면 천 리 만 리가 먼 길이겠는가. 빨리 가자! 활짝 밝은 얼굴로 상 앞에 앉은 아내의 모습이 벌써 보이는 것 같다.

# 위와 아래

“여보, 동백꽃이 피었어요.”

아내의 음성이 들떠있다. 동백꽃이? 되묻는 내 음성도 뒷부분이 올라간다. 고향집에서 옮겨와 10년도 넘는 세월, 윤기 없는 이파리 몇 개만 달고 아파트 베란다 한쪽에 우두커니 서 있던 나무다. 꽃은 고사하고 푸른 잎이라도 보여줬으면 했는데. 믿어지지 않는다. 노란 꽃술을 둘러싸고 있는 꽃잎은 어머니의 얼굴처럼 낯익은 동백꽃이 틀림없다. 바로 아래 꽃망울 하나도 붉은 색을 내보이며 준비를 하고 있다. 근년 들어 추운 날씨가 연말내내 이어지더니 새해 벽두부터 아름다운 꽃을 보게 되었다.

호주 멜버른에 가족여행을 갔을 때였다. 집집마다 작은 정원

안에 꽃을 활짝 피운 동백나무가 있어 반가웠다. 겨울이면 동백꽃이 지천으로 피어있던 고향집에 온 것 같아 마음이 포근했다. 집으로 돌아가면 동백을 한 그루쯤 키워보리라 마음먹었다.

부모님과 살 때는 집 안에 있는 모든 것들이 내 것이나 다름이 없다는 생각을 했었는데 막상 형님이 들어와 살면서부터는 그것이 아니었다. 나무라면 끔찍이 아끼는 형님에게서 어린 동백나무 세 그루를 얻어냈다. 그중 살아남은 한 그루에서 꽃이 핀 것이다.

형님이 암 진단을 받고 입원을 했다. 결국, 연말을 못 넘기고 부음을 받았다. 누구나 다 걷는 길이라지만 형수가 세상을 떠난지 채 3년도 안 되었는데. 바로 손위라서인지 다른 형님들을 보낼 때보다 가슴속이 더 허허로워 찬바람이 이는 것 같았다. 형님은 붓글씨, 펜글씨를 반듯하게 잘 썼다. 덕택에 차트사로 군생활을 편하게 했다. 대학에서는 항공정비를 전공했으나 월남전에서 돌아와 한동안 외항선을 탔다. 몇 년 동안 중동에도 나가 있었으나 고향에 온 후로는 얼치기 농사꾼이 되어버렸다. 전공은 살려 보지도 못한 채 그렇게 사는 형님의 모습이 형수와 조카들에게는 아쉬움이었다.

상을 치른 며칠 후 조카로부터 전화가 왔다. 아버지의 유언에 따라 내게 돈을 보낸다는 것이다. 상당한 액수였다.

`

"그동안 네 작은아버지가 보살펴준 고마움에 대한 내 마음이니 잊지 말고 꼭 보내야 한다."

두 번 세 번 당부했다고 한다. 내가 받을 것이 아니라고 해도 조카는 막무가내다. 보람을 느꼈던 일에 값을 받는 것 같아 왠지 마음이 개운치가 않았다. 내가 형님 바라지를 한 것이 무엇이었던가? 어려울 때 조카딸 대학 등록금 보내 준 것, 가뭄에 관정 파 준 것, 어느 해 태풍에 못 쓰게 된 지붕에 기와를 다시 얹어 준 것. 그런 일들은 내가 해야 할 일이라 판단했기에 한 것뿐이다. 갈 때마다 두 분 손에 용돈을 쥐여 주는 것 또한 내겐 흐뭇한 일이었다. 어려움을 당할 때면 발 벗고 나섰고 한 주일에도 몇 번씩 전화로 근황을 살폈다. 그것은 융통성 없는 형님 때문에 고생하는 형수가 안타까워 형님 대신하는 일이었다. 완고하며 상대를 배려할 줄 모르기에, 매사에 자신만 생각한다고 볼 때마다 싫은 소리를 하고 핀잔을 주는 것은 나였다. 겉으로는 그러면서도 형님의 타고난 그런 성격을 받아들여 내가 손위가 되어 사랑해야 한다는 생각을 했다.

"동생은 볼일이 없어도 아침이면 형님 집에 들러 밤사이 별일이 없었는가 살피고 형은 해 질 녘이면 동생 집에 들러 그날 하루가 무고한지 돌아봐야 한다."

아버지가 우리 형제들에게 입버릇처럼 하시던 말씀이다. 이제

보니 그렇게 무심한 것 같던 형님도 동생의 속마음은 알고 있었던가 보다.

형님도 나도 잊지 못할 일이 하나 있었다. 어느 해 겨울 내가 근무하던 부대는 꽁꽁 언 추위 속에 전방 깊숙이 동계 전투력 측정을 떠났다. 무선 통신망을 개통시키고 숙영 준비를 막 끝낼 무렵 부대에 남겨진 당번병으로부터 형님이 면회 왔다는 전화가 왔다. 난감했다. 통신장교가 작전 중 자리를 비울 수도, 그렇다고 먼 대구에서 이곳 양구의 최전방까지 천신만고 찾아온 형님을 그냥 보낼 수도 없었다. 어둡기를 기다려 M-2 칼빈에 60발 탄창을 끼워 들고 숙영지를 나섰다. 걸어야 할 길은 눈 쌓인 30리 밤길이었다. 얼마 동안은 아군 초소를 우회하느라 시간이 걸렸지만 밝은 별빛과 쌓여있는 눈빛으로 헤매지 않고 길을 잘 찾을 수 있었다. 유격장을 통과할 때는 등골이 오싹하도록 무서웠지만 손에 쥔 소총만 굳게 믿었다. 숙소에 도착하니 밤 11시가 지났다. 구시렁대는 주인을 깨워 한밤중 둘이서 식사를 했다. 부모님도 모르게 파월을 지원하고 교육대에 들어가는 길에 나를 찾아온 것이다. 교육이 끝날 때쯤 면회를 가겠다 하고 나는 일어섰다. 새벽 5시 전까지 숙영지에 도착해야 했기 때문이었다.

파월 교육대에 면회를 가야 할 무렵 1·21 사태가 터졌다. 비상이 발령되고 전 장병 외출, 외박이 금지되었다. 면회를 가던 날은 아침부터 눈이 쏟아지더니 다음 날은 교통이 두절되다시피 했다. 불편한 교통, 비상사태로 강화된 검문검색, 출장증도 없이 떠난 내가 얼마나 곤혹스러웠던가! 담이 약한 내가 눈 덮인 밤길 30리를 왕복했던 일, 비상사태의 삼엄한 상황을 출장증도 없이 위수지구를 배짱 좋게 드나들던 일 등은 내 인생에 두 번 다시 경험할 수 없는, 형님이 아니었다면 엄두도 못 냈을 일이었다. 그래도 그런 일들이 손위와 손아래의 위치가 자연스럽도록 우리 형제를 묶어 준 든든한 벼릿줄이 될 줄이야.

아내가 활짝 핀 동백꽃을 발견한 것은 조카의 전화를 받은 다음 날이었다. 전화를 받고 언짢아하는 동생에게 동백꽃으로 당신의 진심을 알리려는 것이 아니었을까!

# 5

# 그때의 아픔들

슬픈 인연
겨울 속으로 떠난 두 사람
다시 만날 때
그 계절에 만난 세 사람
시인의 심화
봉황은 아직 오지 않았는데
벌과 죄

# 슬픈 인연

비어 있는 고향집은 생각하는 것만으로도 애잔하고 슬프다. 부모님과 형제들 때문이겠지만 일찍 세상을 떠난 누님 생각에 더 그런 것 같다. 콧등에 주근깨가 몇 개 있고 웃으면 눈이 감겨 장난기 있어 보이던 누님은 나보다 열두 살 위였다. 분 냄새가 좋고 가끔 벽장에서 곶감이나 약과 등을 꺼내주는 누님이 좋아 나는 누님 방을 불티나게 드나들었다. 누님은 친구 집에 가거나 달래를 캐러 갈 때에도 어디를 가든지 나를 데리고 다녔다.

이른 봄부터 우리 집터 안에는 여러 종류의 꽃들이 피었다. 분분이 날리는 설리에 피는 서향과 매화, 벚꽃, 석류꽃, 앵두꽃에 찔레꽃까지 온 집 안은 꽃향기로 가득했다. 누님은 꽃송이를 코에 대주며 눈을 감고 천천히 맡아 보라고 했다. 매미가 힘차게 울 때면 어느새 꽃이 진 자리에 열매가 맺혀 있다.

누님은 앞뒷문이 활짝 열린 대청에 돗자리를 펴고 책을 읽어주는가 하면 콩가루가 묻은 가락엿을 형들 몰래 주기도 했다. 봉숭아 꽃잎을 찧어 약지 손톱에 싸매주면 나는 자다가도 그것이 풀릴까 봐 조바심하곤 했다. 텃밭의 굵게 자란 단 수숫대를 먹기 좋게 토막 내주기도 하고, 완두콩을 넣은 개떡을 쪄주기도 했다. 그렇게 농사일에 바쁜 어머니 대신 내 동무가 되어 주었다. 우리 감밭에는 다양한 종류의 감이 있었는데 맨 먼저 홍시가 되는 것은 월하시였다. 누님은 장대로 말랑말랑한 홍시를 따주었다. 그 무렵이면 감밭 여기저기에 석산화(꽃무릇)가 무더기를 이루고 활짝 피어 있었다.

누님은 그 꽃을 좋아했다. 잎은 지고 무릎 높이만큼 올라간 미끈한 파란 꽃대가 누님의 종아리처럼 예뻤다. 새빨간 꽃잎들과 가늘고 긴 꽃술들이 같은 빛깔로 돌아가면서 길게 나와 있는 아름다운 꽃이었다. 향기가 없어서인지 벌들이 보이지 않았다. 군데군데 무더기를 이루고 있는 모양이 그렇게 장관일 수가 없었다. 살포시 앉아 가까이 들여다보는 누님의 눈동자 가득 꽃이 들어 있었다.

"누님, 꽃이 참 예쁘지?"

"그래. 그런데 이 꽃은 슬픔이 있는 꽃이란다."

하며 눈을 들어 시선을 멀리했다. 꽃말이 이별, 죽음, 환생, 슬픈 추억이며 피안(유토피아)의 꽃으로 불리기도 한다는 것을 나중에야 알았다. 먼 곳을 보던 누님의 눈동자에 물기가 있던 것도 그때를 지나서야 안 일이었다. 왜 그랬을까?

가을비가 내리고 나면 물기를 머금은 석산화의 고운 빛깔에 마음이 더 끌렸다. 탱자나무 울타리 사이에서 톡톡 떨어지는 물방울 소리도 듣기 좋았다. 직박구리가 큰 소리를 내며 나무 사이를 빠르게 날아다녔다. 하늘도, 뒷산도, 감밭도, 공기까지도 꼭 짠 물수건으로 말끔하게 닦아놓은 것처럼 보이는 모든 것이 맑았다. 누님은 석산화에 맺힌 물방울이 안타까운지 그것을 털어주었다.

그해 가을, 반짝이는 계급장을 단 군인 아저씨가 우리집을 두세 번 오더니 누님이 시집을 간다고 했다. 장롱과 그릇, 이불, 옷보따리를 실은 트럭이 떠나고 어머니는 차 안을 들여다보며 눈물을 지었고 나도 누님 보내기가 싫어서 울었다. 누님은 아버지 곁에 앉아 울면서 갔다. 그렇게 누님을 데리고 간 매형이 미웠다. 누님이 가버린 이듬해에도 석산화는 곱게 피었다. 누님이 보고 싶어 감밭에 가면 누님은 언제나 석산화 곁에서 나를 보고 웃고 있었다.

어느 해 비단 두루마기를 입은 누님이 매형과 함께 다니러

왔다. 누님 두루마기에서 나는 냄새가 낯설었지만 주근깨를 보니 반가움에 왈칵 눈물이 났다. 매형이 겨드랑이에 끼고 있던 캐러멜을 통째 내밀었지만 반갑지가 않았다. 누님은 석산화도 볼겸 일부러 맞춰 왔다고 했다. 매형도 이맘때 이렇게 고운 꽃이 피는구나 하며 신기해했다. 누님이 돌아가고 며칠 뒤 때늦은 태풍이 불었다. 감나무 가지가 찢어지고 부러져 감밭은 떨어진 감으로 발 디딜 곳이 없었다. 날아온 나뭇가지와 낙엽이 석산화 위로 쌓여 있었다. 나는 그것들을 치워 주었다. 태풍이 지나간 하늘은 여전히 푸르고 감들은 더 굵어져 가는데 왠지 석산화는 풀이 죽어 시들어 갔다. 상여에 꽂힌 붉은 종이꽃 같다는 생각이 들었다. 그러자 오싹 무서워졌다. 한동안 감밭에는 얼씬도 하지 않았다.

누님이 죽었다는 전보가 왔다. 마른하늘에서 떨어지는 날벼락이었다. 심장마비로 그렇게 되었다고 했다. 어머니는 치마가 벗겨지는 것도 모르는 채 몸부림치며 통곡했다. 아내가 위급하니 급히 와 달라는 매형의 전보는 다음 날에야 배달이 되었다. 우체국에서 며칠 동안 잠을 잔 것이었다. 가만둬서는 안 되겠다고 형님이 팔을 걷어붙였지만 네 동생은 이미 죽었는데 소용없다고 아버지가 말리셨다. 누님은 군용 앰뷸런스에 실려서 시댁 마을로 왔다고 했다. 어머니는 실성한 사람처럼 넋이 나가 버렸다.

장례에 다녀온 어머니가 그 마을 사람들이, 젊은 새댁이 죽었으니 선산으로 메고 갈 상여만이라도 더 곱게 꾸며야 하지 않겠느냐 하더라며 울먹이셨다. 나는 얼마 전 시들해진 석산화를 보며 상여꽃 같다고 생각했던 것을 떠올렸다. 왜 그때 그런 생각이 들었을까? 석산화 곁에서 먼 곳을 보던 누님의 눈동자는 왜 젖어 있었을까? 누님은 자신의 운명을 예감했던 것일까? 비가 오면 비가 온다고, 바람이 불면 바람이 분다고 어머니는 먼저 간 딸에 대한 눈물 반 탄식 반 푸념을 멈추지 못하셨다.

갑자기 매형이 찾아왔다. 새로 장가를 들어 우리 부모님에게는 대딸이 되고 내게는 대누님이 되는 아내를 인사시키려고 온 것이다. 아버지는 사랑방에서 큰절을 받으셨다.

"굳이 오지 않아도 될 길을 오느라 수고했구나."

아버지의 목소리가 잠겨 있었다. 절 받기를 거부하고 뒤안으로 돌아간 어머니의 통곡 소리가 거기까지 들렸다. 두 사람을 뭐라 불러야 할지 몰라 나는 입을 닫고 있을 수밖에 없었다. 어머니는 한사코 절 받기를 거부하셨다.

"내 딸 무덤에 흙도 마르지 않았는데."

하며 서러워하셨다. 그 자리가 새로 온 대딸이 아버지와 어머니에게 하는 처음이자 마지막 자리였다. 생각하면 우린 모두 슬픈 인연이었다. 누님과 나, 우리 가족, 매형과 대누님, 석산화까지.

# 겨울 속으로 떠난 두 사람

창문이 덜컹거린다. 길바닥의 낙엽들이 바람에 쓸려 우르르 한곳으로 몰려간다. 그 소리에 오싹 몸이 움츠러든다. 카페 안을 「솔베이지 노래」가 조용히 채우고 있다. 까맣게 잊고 있던 두 사람의 얼굴이 떠오른다. 내게 노래를 가르쳐 준 친구와 솔베이지처럼 삶을 살던 여인이다. 그러나 이제는 이 세상에 없는 얼굴들이다.

전기장판이 흔하지 않던 그때, 고2였던 친구가 그것을 만들어 사용한다기에 호기심에 따라나섰다. 니크롬선과 코일을 얽은 위에 거름포대 종이를 여러 겹 발라 만든 것이었다. 겉모양부터가 조잡해 보여 설명이 귀에 들어오지 않았다. 그때 책상 위 라디

오에서 「솔베이지 노래」가 흘러나왔다. 그때까지 듣거나 말거나 신이 나서 혼자 떠들던 친구가 갑자기 말을 멈췄다. 팬플루트로 연주되는 노래가 두어 번 되풀이되면서 노래가 만들어진 슬픈 사연이 해설로 이어졌다. 가끔 친구가 흥얼거리거나 휘파람으로 불 때면 흘려들었는데 그런 슬픈 사연이 있을 줄이야…. 아련한 그리움 같기도 하고 애잔한 슬픔 같기도 한 것이 가슴속을 채우고 있었다. 음악을 들으면서 그런 감동을 느껴 보기는 처음이었다. 친구도 나도 한동안 말이 없었다. 그 감동을 깨고 싶지 않았기 때문이었다. 노래를 가르쳐 준 누나는 떠나고 없지만, 그때의 추억으로 혼자 있을 때는 자주 부른다고 친구가 말했다. 내 가슴속에도 그 노래의 여운으로 채워지고 있었다.

창밖에는 나목이 된 미루나무 가지들이 시린 바람을 맞으며 떨고 서 있고 빗자루로 쓴 듯 희뿌연 솜털 같은 구름이 엷게 펴진 11월의 하늘이 눈에 들어왔다. 그날 전기장판에 대한 설명은 그렇게 심드렁하게 끝나 버렸다. 우리는 점심시간이면 낙엽이 깔린 교정을 걷거나 벤치에 앉아 가곡, 팝송을 흥얼거리거나 허밍으로 불렀다. 친구와 나는 고교 시절을 그렇게 보내고 있었다.

시누대 울타리 앞에 한 여인이 석양 속으로 기우는 초겨울의 태양을 바라보고 있었다. 오래전 신혼의 단꿈이 가시기도 전에

만주로 떠나 버린 남편을 기다리는, 내게는 촌수로 먼 형수뻘 되는 여인이었다. 겨울이면 양지에, 여름이면 나무 그늘에 늘 그렇게 앉아 있는 모습은 마을 일가들에게나 내게는 이미 익숙한 것이었다. 이제는 오실 님을 손꼽아 기다리는 것이 아니라 속절없이 보내버린 미운 세월을 거꾸로 헤아리고 있었는지도 모른다. 뒤돌아보는 세월이 얼마나 한스럽고 가슴 아팠을까. 솔베이지의 사연을 안 다음부터 관심이 깊어졌다.

어쩌다 마주칠 때면 그리움, 기다림에 지친 흔적을 얼굴에서는 볼 수 없었다. 들 일을 많이 하지 않아서인지 초로의 나이답지 않게 또렷한 눈매, 하얀 피부와 단아해 보이는 표정은 본인보다는 마을 사람들이 더 염려하고 걱정하지 않았나 싶었다. 어디를 봐도 고생하며 살 것으로 보이지 않는 얼굴이었다. 젊었을 때는 총기 있고 활동적인 여인이었다고 한다. 망설임 속에 방황하던 때도 있었으나 그 방황을 잠재운 것은 아마도 행세하던 친정 집안 때문이었을 것이라고들 했다. 그런 여인을 보면서 솔베이지와 비슷한 운명이라고 친구에게 설명을 했다.

"곱게 나이 들어가는 분이구나. 솔베이지는 기다림 끝에 님을 만나 꿈에도 그리던 해후를 했다던데."

진학을 위해 고향을 떠난 후로는 친구도 그 여인도 까맣게 잊고 지냈다. 언젠가 휴가로 고향에 들렀을 때다. 밥 짓는 연기가 깔린 골목길에서 검정 두루마기에 남바위를 쓰고 기웃거리는 여인과 마주쳤다. 이제는 혼자서 살아갈 힘도 없어 끼니때가 되면 일가들을 찾는구나 하는 생각에 짠했다. 희끗희끗한 머리였지만 물레 앞에 단정히 앉아 목화에서 실을 뽑고 있던 것을 본 것이 엊그제 같았다. 그때만 해도 기다림의 꿈이 있었을 텐데…. 세월의 무상함이 새삼 느껴졌다. 그 겨울 저녁이 나와는 마지막이었다.

강산이 두 번 바뀔 만큼의 시간이 훌쩍 가버렸다. 다시 친구를 만났을 때 설비회사 사장이 되어 있었다. 그는 나이보다 몇 살은 더 들어 보였다. 지난날 함께 노래하며 꿈을 키우던 친구였는데. 변해버린 모습에서 서글픔이 느껴졌다. 지금도 가끔 「솔베이지 노래」를 부르느냐는 내 말에 그는 시큰둥하게 대답했다.

"그렇게 감상에 젖어 있을 만큼 마음에 여유가 없어. 참! 고향그 아주머니의 기다리던 페르귄트는 돌아왔어?"

"아니, 기다림을 간직한 채 세상을 떠났대. 마을 사람들이 꽃상여를 꾸며, 저세상에서는 꼭 만나라고 빌어줬다는 말을 들었어."

"영원히 오지 않을 봄을 애타게 기다리더니."

친구는 자기 일처럼 안타까워했다. 별로 좋아하지 않는다는 술잔을 나와 기울였다. 사업은 그럭저럭 되는데 불경기로 수금이 되지 않아 어려움을 겪은 지 꽤 된다고 했다. 가까운 친구에게 땅을 저당하고 돈을 빌렸는데 땅은 팔리지 않고 갚으라는 독촉은 심해 겨울 같은 삶을 살고 있다고 속사정을 털어놓았다.

양지 쪽에는 더러 개나리가 하나둘 피기 시작할 무렵이었다. 친구가 교통사고로 세상을 떴다. 발명특허도 두 건이나 출원해 놓았다는데. 땅을 살 사람이 나타나 건널목에서 들판을 내려다 보며 지형을 설명하는 중에 열차가 친구의 차를 추돌했다고 했다. 친구를 생각하며 그때 같이 부르던 애창곡 집을 폈다. 갈피 사이에서 투명하리만치 엷어진 은행잎 한 장이 툭 떨어졌다.

장례미사가 끝나고 관이 성당 밖으로 나왔다. 어린애 둘이서 돌멩이를 툭툭 차며 사람들 사이를 뛰어다녔다. 친구의 아이들이다. 목구멍에 뭔가 걸린 듯 아리고 답답했다. 저런 자식들을 둔 채 봄이 오고 있는데 그 시리다던 겨울 속으로 친구는 가버렸다.

"눈까지 감고 뭘 그렇게 골똘히 생각하세요?"

귀에 익은 카페 주인의 음성에 팔짱을 풀며 내가 말했다.

"음악이 좋아 듣고 있었소."

바람 소리는 여전한데, 은은한 커피향과 잔잔한 음악이 흐른다. 카페 안은 어느덧 봄날이다.

# 다시 만날 때

신호가 몇 번 울린 후 통화버튼을 눌렀다. 대여섯 달 전에 나와 점심을 같이 했던 친구였다. 그동안 코로나19로 만나지는 못했지만, 전보다 목소리가 가늘어지고 힘이 많이 빠진 것 같아 그사이 저렇게 늙었나? 하는 생각이 들었다. 나라고 안 그러랴. 대머리가 되다시피 성글어지고 가늘어진 머리카락, 영락없는 노인인데 문제는 내가 그러한 사실을 가끔 잊는다는 것이다.

요즈음 세상을 떠난 지인이나 친구의 꿈을 더 자주 꾸게 된다. 그만큼 많은 사람들이 내 곁을 떠났다는 사실이다. 저녁마다 이 중위의 얼굴을 떠올리며 기도를 드리는데 며칠 전에는 꿈에서 그가 보였다. 잠이 이어지지 않아 까마득히 잊고 있었던 기억을 떠올려보았다.

삼거리 검문소에서 헌병이 내가 탄 차를 세웠다. 그의 손가락이 가리키는 곳 위로 솟아있는 타다 남은 항공기 방향타와 그 주위를 왔다갔다하는 사람들이 눈에 띄었다. 방향타 끝에 노란색 숫자 6이 선명했다. 활주로 끝 가까운 강변 돌밭에 항공기가 추락해 있었다. 순간적으로 우리 항공기라고 직감한 나는 차에서 튀어나와 강둑을 따라 뛰기 시작했다. 이 시간에 외래기가 있다는 예고를 상황판에서 보지 못했다. 더구나 저 6자는 내가 첫 번째 임무로 타고 갈 256호기의 끝 자가 아닌가. 의심의 여지가 없었다. 그렇다면 누가!

사고 현장은 처참했다. 동체는 다 타버리고 꼬리 부분만 위로 향하고 있었다. 두 탑승자는 까맣게 그을린 채 돌바닥에 뉘어져 있었다. 누군가가 타겟클로스를 끊어다 덮으려는 참이었다. 제일 먼저 했어야 할 일인데…. 소식을 들은 인근 부대 관계인사, 군경 수사요원, 기자들이 몰려들고 민간인의 접근을 막느라 헌병들이 땀을 빼고 있었다.

그날 사고 과정을 처음부터 지켜본 사람이 두 명 있었다. 우리 부대의 행정장교와 비행장 뒤편에 있는 야공단 단장이었다. 이륙하던 항공기가 왼편으로 선회를 하려다 오른편으로 급선회를 하더니 그대로 추락하더라는 것이었다. 사고조사 위원회에서도 그렇게 증언해 주었다. 그 항공기는 오른편 엔진에 이상이 생겨 일주일 동안 꼬박 정비를 했으나 고장 원인을 찾지 못했다. 한쪽 엔진에서만 낙차가 생겨 진동이 심했으나 양쪽 엔진을 동시에 사용하면 순조롭게 최고 출력까지 나왔다. 비행이 가능하니 입고시키자고 정비반장이 주장을 해서 그날 입고 정비 비행을 할 계획이었다.

아침에 정비대에 가니 정비병들이 카우링을 열어놓고 입고를 위한 마지막 점검을 하고 있었다. 엔진 부분에 녹슨 자국을 발견한 내가 드라이버를 집어 들었다.

"이거 봐라, 보여? 이런 것을 잘 봐야지. 그냥 가면 내가 얼마나 곤욕을 치르는 줄 아나."

어느새 뒤따라온 이 중위가 뒤에서 나를 껴안고 턱수염으로 내 목덜미를 간질였다.

"연료만 가득 채워다 주면 되잖아유. 뭘 그렇게 신경 쓰세유, 선배님."

"속 모르는 소리 하지 마. 나중에 이 중위가 맡게 되면 더 할걸."

그와 말을 주고받다가 생각이 나서 이 중위에게 제안을 했다.

"오늘은 반납할 기재가 많으니 그것도 도와주고 별일 없으면 나와 함께 정비비행 가지. 빨리 끝나면 정비중대도 한 바퀴 돌아보고 점심때 맛있는 냉면 사줄게, 어때."

그도 좋다고 해서 부장님에게 허락을 얻어 낸 것이다.

9시에 출발 보고를 했더니, 부장님이 10시 이후에 비행이 가능하다고 규정대로 하라는 것이었다. 마침 인근 공병부대에 볼일이 있어 잠깐 비운 사이, 자신의 인사 문제를 군 사령부에 가서 직접 확인하려고 비행대장님이 내 비행계획을 변경, 이 중위를 태우고 이륙하다가 생긴 사고였다. 그때가 한여름이니 논에는 물이 가득하고 벼가 허리까지 자라있어 논으로 불시착을 했으면 부상 정도로 끝났을지도 모를 일이었다. 비행시간이 3천시간이 넘는 대장님이었기에 활주로에 다시 착륙할 생각으로 급선회를 하다가 익단실속(翼端失速)이 되어 추락한 것이다. 이 중위는 나와의 약속 한마디 때문에 어이없는 길을 떠난 것이다. 앳된 그 얼굴이 지금도 눈에 선하다.

장례식 전날 하루 종일, 나는 이 중위 어머니를 곁에서 지켜야 했다. 잠시만 한눈을 팔면 달려나가 아직 못질을 하지 않은 아들의 관 뚜껑을 열어젖히곤 했다. 헌병이 둘이나 지키고 있었지만 자식의 마지막 가는 얼굴을 보려는 젊은 어머니를 당해내지 못했다. 모시옷이 땀으로 흥건하도록 실랑이를 했다.

그날은 유난히 더웠다. 철모에 완전군장으로 도열을 한 병사들, 각급 부대 지휘관, 원근 각지의 유관기관 인사 등 조문객으로 장례식장은 가득 찼다. 조사를 읽으며 나는 믿어지지 않는 사고의 슬픔과 회한으로 마지막 한 구절까지 울먹이며 낭독했고, 참석자 모두가 같이 울었다고 나중에 어느 대대장이 내게 말했다.

사고의 원인이 '이륙 중 불시의 엔진 고장'이었다고 하나, 내가 정비책임 장교였고 비행이 가능하다는 보고도 내가 했으며 이 중위를 데리고 가겠다는 허락도 내가 받았다. 그 사고에 도의적, 양심적으로 책임져야 할 사람은 난데 유족 중 누구도 나를 질책한 사람은 없었다. 물론 사고조사 위원회의 조사는 몇 차례 받았지만, 그것만으로는 면책이나 면죄의 이유가 되지 않을 것이다. 한동안 나는 죄책감에 빠져 있었다.

언제였던가. 이 중위 꿈을 연이어 세 번 꾼 적이 있었다. 첫 번 꿈에는 밝은 표정의 웃음 띤 생전의 얼굴이었다. 다른 두 번은 항공기에 앉아 손목을 턱에 괸 채 창밖을 보고 있는 사고 당시의 안타깝던 모습이었다. 연달아 꾼 꿈 얘기를 어머니에게 했더니 어머니는 아무래도 '위령제'를 한 번 지내야겠구나 하셨다. 내 신상에 별다른 변고가 생긴 것도 아니어서 그냥 지나치려는데 점집 한 번 안 찾는 그리스도 교인인 어머니의 말씀을 거역할 수 없어 그렇게 하기로 했다.

그해 팔월 어느 날 저녁, 마당에 멍석을 깔고 향과 제물을 차려 두 사람의 영혼을 정성껏 위로했다. 어머니는 이 아들의 안위가 염려되어 하신 일임을 나는 잘 알고 있었다. 어머니는 내가 너를 위해 밤마다 기도하듯이 너도 두 사람의 영혼을 위해 기도해야 한다고 신신당부하셨다. 그날 이후 오랜 세월을 빠지지 않고 기도를 해 오고 있다. 그사이 앞서 떠난 지인, 친구, 군대 선후배와 동기생 그리고 가족 등 한 사람 한 사람 보태어져 지금은 기도 시간이 길어졌지만 깨어있는 시간이면 하루도 거르지 않는다.

떠난 이들의 영혼을 내 기도 속으로 맞아들인 이유가 또 하나 있다. 10여 년 전 추석이 지나고 몇 해 전 세상을 떠난 군 동기생이 누워있는 '호국원'으로 동기생 몇 명이 위령 방문을 갔다. 그런데 그 동기생 영정 곁에는 언제인지 모를 시들어버린 꽃다발이 놓여 있었다. 우리는 놀랐다. 그도 그럴 것이 생전에 그 친구는 자식들이 잘 챙기는 덕분에 외제 옷, 외제 신발에 간식까지도 외제를 먹는다며 만날 때마다 내보이며 자랑을 했다. 세상 떠난 지금도 변함없을 줄 알았는데…. 손만 대도 부서질 것 같은 꽃을 보며 장례식 이후 한 번도 찾지 않은 것이 아닌가 하는 의심이 들었다.

열녀인 양 아내들도, 효성 지극하다는 자식들도 내남 할 것 없이 모두 소용이 없다. 소외받는 영혼이 영원한 안식을 얻도록 기도를 통해 빌어주는 것이 가장 큰 음덕을 쌓을 수 있는 것임을 그곳에서 알았다. 산 사람을 위해서는 가족도 지인도 기도할 수 있지만 오래전 세상 뜬 영혼을 위해 기도해 주는 사람은 많지 않을 것이다. 그래서 다시 만날 때까지 내가 그렇게 하기로 마음먹은 것이다. 혼자 있을 때 부르기 좋아하는 성가 구절이 있다. '다시 만날 때, 다시 만날 때, 구주 앞에 다시 만날 때'이다. 머지않아 나도 그곳에 가면 많은 이들을 볼 수 있겠지만 누구보다 먼저 만나서 사과해야 할 사람은 이 중위다.

"아니유, 됐슈."

웃으며 평소 그가 쓰던 가벼운 충청도 억양으로 받아주기를 천만 번 기대하면서.

# 그 계절에 만난 세 사람

예보보다 조금 늦은 오후 7시가 되자 눈이 펑펑 쏟아지기 시작하며 삽시간에 천지가 하얗다. 아이들은 눈사람을 만들겠다고 뛰어나갔다. 서울에 오랜만에 쌓이는 눈이라 한 줌 뭉쳐보고 싶어 나도 밖으로 나섰다. 아파트 정문 경사진 도로에서는 차들이 뒤로 미끄러지고 있었다. 뒤쪽 차들은 경적을 울리며 비상등을 켰고 사람들은 구부정한 자세로 허리에 손을 댄 채 조심조심 걸어 다니고 있었다.

처음 스케이트를 신고 얼음 위를 걷던 때가 생각이 나서 피식 웃음이 나왔다. 스케이트 타기에 푹 빠진 때가 있었다. 얼음 위를 지치는 것이 그렇게 신이 날 수 없었다. 두 주먹을 등에 얹고 허리를 바짝 굽혀 트랙 코너를 아슬아슬하게 돌 때의 그 기분은 스릴 만점이었다. 일과가 끝나면 활주로 건너에 있는 강으로 나갔다. 공병대가 잘 관리해 놓아 언제나 얼음판은 매끄럽게 잘 얼어 있었다. 밤에도 불이 켜 있어 불편함이 없었다.

도내 초·중학교 빙상경기 대표선수를 뽑던 날은 초등학교 운동회보다 더 신이 났다. 때맞춰 내리는 눈은 한층 더 분위기를 띄웠다. 트랙을 둘러싼 사람들의 열띤 응원으로 선수들의 스케이트는 더욱 속도가 붙는 것 같았다. 모두가 흥에 겨워 있는데 한 초등학생이 트랙을 벗어나 강 상류 쪽으로 올라가다가 물에 빠졌다. 물이 흘러드는 곳이라서 얼음이 녹아 있었다. 다행히 빨리 발견되어 우리 부대의 사다리와 로프를 이용, 가까스로 얼음을 붙잡고 매달려 있는 아이를 구할 수 있었다. 손만 놓으면 얼음판 밑으로 가라앉을 위기일발의 순간이었다. 내무반 난로 곁에서 아이를 담요로 싸서 몸을 말린 후 군복을 입혀 집으로 보냈다.

그 소란 속에서 두 여인을 만났다. 대학 동창으로 대회에 참가한 초등학교와 중학교 교사였다. 그날 이후 우리는 스케이트장에서, 눈 내리는 골목길에서, 찻집에서 이야기를 나눴다. 난로 주위로 퍼지는 장작 타는 연기가 눈이 내리는 바깥 풍경을 한층 실감나게 했다. 약속 장소에 보이지 않으면 메모꽂이부터 살

폈다. 참새, 비둘기 등의 별명으로 나오지 못한 이유가 간단히 적혀있곤 했다. 우리들의 만남은 언제나 삼각이었다. 주말이면 사령부 앞 넓은 스케이트장으로 갔다. 그곳은 사령부의 장교들과 서울에서 면회 온 가족들, 특히 청년 장교들과 연인들의 만남의 광장이었다. 울긋불긋한 의상, 털모자 등으로 한껏 멋을 낸 사람들, 흥을 돋우는 음악, 군고구마와 오징어, 호떡 굽는 구수한 냄새, 거기에 흰 눈이라도 쏟아지면 터지는 환호성까지 더하여 반가움과 즐거움이 넘치는 축제의 장이었다.

눈이 있는 겨울은 사람을 끌어당기는 참으로 맹랑한 계절인가 보다. 끼리끼리 갈 수 있는 곳이면 어디든 불러들였다. 우리는 장소를 바꿔가며 만남을 이어갔다. 나중에는 월급날 각자의 집에 초대하기로 했다. 물론 나는 하숙생이므로 음식점으로 했지만. 선생님의 집에서는 카레라이스, 통닭에 나물무침까지 정성스러운 음식들로 차려졌다. 횟수가 늘어날수록 은근히 기다려지기도 했다. 어느 날은 깜박 잊고 친구와 식사를 하고 집에 돌아오니 전화가 왔다. 내가 올 때까지 기다리겠다는 것이었다. 어쩔 수 없이 내 몫을 다 먹고 돌아오는데 눈이 펑펑 쏟아졌다. 소화시키기 위해 눈을 맞으며 밤새 골목을 뛰어다니다가 옷을 흠뻑 적신 적도 있었다. 그 밤 나는 오랜만에 어릴 적 생각을 하게 되었다.

시골집 마당에는 꽤 넓은 연못이 있었다. 겨울이면 꽁꽁 얼어 있는 그곳에서 썰매를 타고 싶었지만, 아버지의 눈치가 보였다. 아버지는 평소 마을 아이들 누구도 연못 근처에는 얼씬도 못 하게 했다. 고기가 놀고 있는 물속에 돌멩이를 던지고 장대로 휘젓는다는 것이다. 아버지가 집을 비울 때면 나는 마루 밑에 숨겨둔 썰매를 살짝 꺼내곤 했다. 대나무 숲 부근 구석진 곳에서는 문제가 없었는데 그것이 싫증나서 한 바퀴 크게 돌다가는 영락없이 물에 빠져 홀라당 젖고는 했다. 해가 들어 있는 쪽은 얼음이 얇게 얼었거나 녹아 있었다. 어머니가 말을 안 해도 책상 앞에 앉아 있는 나를 보며 아버지는 금방 알아챘다. 옷을 갈아입고 있었기 때문이다.

겨울과 함께 추억은 쌓여만 갔다. 그렇지만 좁은 지역사회에다 상대가 학교 선생님들이라서 나는 평소에도 남의 눈에 쉽게 띄지 않도록 신경을 썼다. 선배들로부터 우리는 동향보고 대상이니 어디서나 언행을 각별히 조심하라는 당부를 들어왔기 때문이었다. 나중에 들으니 사복을 한 군인이 학교에 찾아와 선생님들의 신원에 대해서 묻더라는 것이다. 이유는 내가 '국가의 중요한 장비'를 다루는 사람이기 때문이라고 하면서. 예상은 했지만 어이가 없었다. 내 부주의로 두 선생님에게 피해를 준 것 같아 미안할 뿐이었다.

어릴 때는 남들이 갖지 못하는 연못을 두고서도 아버지의 눈치를 보느라 썰매 한 번 마음 놓고 타보지 못했는데, 청년이 되었는데도 눈을 맞으며 마음 편히 데이트를 해서도 안 되는 것이 나라는 말인가.

이듬해 여름, 짤막한 안부와 함께 츄잉껌 두 개가 든 한 통의 편지를 받았다. 선생님들을 본 것만큼이나 반가웠다. 지금도 가끔 내 얘기를 한다는 내용에 뭉클한 감동이 일었다. 나를 아끼는 친구의 권유도 있고 해서 살짝 떠나 왔는데. 어떻게 알았을까? 포근하게 내리던 눈처럼 아련한 추억을 쌓으며 만났던 그 찻집 정경이 어제 일만 같다.

# 시인의 심화

나는 시 한 줄 써본 적이 없다. 시를 쓰는 사람이 부럽다. 한 구절 한 구절 읽다 보면 어느 부분에선가 뭉클한 감동이 인다. 무엇을 보고 어떤 마음으로 쓰기에 남을 감동시키는 글이 나올까?

마음은 영혼과는 달라 신비롭지도 않고 영구적인 실체도 아니라고 한다. 고통, 사랑 같은 주관적 경험의 흐름으로 감정이 생각들과 연결되어 잠시 깜박였다 사라져 버린다. 이 경험들을 범주화하려 하지만, 한데 뒤섞인 채 의식의 흐름을 구성한다고 하나 한마디로 마음은 일정한 질서를 갖추지 못한 의식의 흐름일 뿐이라는 것이다. 이것이 시인의 마음의 전부는 아닐 성싶다. 시인은 찰나도 꿰뚫는 날카로운 예지의 직관과 신통력에 가까운 통찰력을 가졌다. 그런 창작의 씨앗이 잘 손질된 시인의 마음 밭에 뿌려져 작품으로 키워질 때 비로소 독자의 마음을 사로잡게 되는 것이 아닐까!

'시인'을 생각하니 고등학교 때 국어 선생님의 얼굴이 금방 떠오른다. 2학년 때였던가? 국어 시간에 '높이 보고 나팔 부는 청산아'로 시작되는 「계명성」이라는 제목의 시를 선생님이 낭송했다. 현대문학에 실린 자신이 쓴 시였다. 반세기도 훨씬 전 일이라 시의 구절은 생각나지 않으나 시가 주던 느낌과 그날의 분위기는 지금도 생생하다. 4·19 민주혁명에 뒤이은 5·16 군사혁명이 있은 지 얼마 안 되어 사회는 어수선하고 불안하던 시절이었다. 그러한 사회에 대한 함축성 있고 간결한 표현의 시였다고 기억한다.

넓은 이마에 굵은 뿔테 안경, 사람의 마음을 뚫을 듯 이글거리는 눈동자, 각진 턱에 다부진 두툼한 입술. 거기에 우리에겐 친숙하지 않은 억센 함경도 말씨여서 쉽게 접근하기 어려운 선생님이었다. 딱딱한 분위기의 수업만 하던 선생님의 어디에서 저런 짜릿함을 주는 시를 썼을까. 타는 듯 한 저 눈동자일까. 다소 긴장된 듯한 표정과 격앙된 음성으로 낭송하던 선생님의 모습 위에 목청을 길게 뽑는 수탉과 책을 말아 나팔처럼 입에 대고 외치는 젊은이가 겹쳐 보이던 기억이 잊히지 않는다. 그날 수업 시간 내내 선생님의 표정과 태도는 큰일을 해낸 사람 같았고, 우리는 유명한 문예지에 글을 실은 선생님이 대단하다는 생각을 했다.

선생님에 대한 인상이 바뀌게 된 나 혼자만의 추억이 있다. 어느 토요일 오후, 선생님은 고산 윤선도 시인의 유적이 있는 우리 마을을 답사하겠다고 내게 안내를 부탁했다. 자연의 향기를 품은 남풍이 불어오는 5월이었다. 길 양편 논에는 써레질하는 소와 사람들이 모내기 준비에 한창이었다. 마을 가운데 굵은 소나무들이 들어선 동산에서 선생님이 잠시 쉬어가자고 했다. 효종 임금이 하사하신 종택 '녹우당'이 정면으로 바라다보이는 곳이었다.

동산의 소나무 위에는 황새들이 둥지를 틀고 있었고 황새 한 마리가 푸른 하늘을 서서히 나는 평화로운 풍경이었다. 황새의 길고 쭉 뻗은 두 다리가 둥지에 닿으며 큰 날개를 가볍게 접었다. 날씬한 데다 맵시가 있었다. 한참 지켜보던 선생님께서, 저 황새는 거동이 여유롭고 깃털까지 점잖은 빛을 한 '양금택목'(良金擇木: 좋은 새는 나무를 가려서 앉는다.)을 아는 새다. 그래서 좌청룡 우백호를 포함한 사신사가, 놀랍도록 수려한 이 마을의 형상을 위에서 보고 찾아 든 것이 틀림없을 것이라고 했다.

고산 윤선도 시인은 지조 높은 선비로 국문학 발전에 큰 족적을 남긴, 당신이 존경하는 가장 훌륭한 시인 중 한 사람이라고 했다. 어떠한 불의나 유혹에도 굴하지 않는 올곧은 분이며 그런 선비의 지조가 조선왕조를 견지해 온 기개이며 근래에 있었던 4·19 학생운동으로 이어진 정신이라고 했다.

고산 시인은 나의 11대 선조가 되는 분으로 시인이며 정치가였고 효종의 사부였다. 광해군 때 임사홍과 이이첨의 권세가 극도에 이르러 그 병폐가 나라를 어지럽히자, 이이첨· 임사홍은 사갈(독사와 지네) 같은 존재이므로 왕의 곁에서 내치라는 상소를 올렸다가 함경도 삼수갑산으로 귀양을 가게 되었다는 이야기를 아버지로부터 들었다. 불의와 화합하지 않았기에 이어지는 정쟁으로, 진도, 완도 등 섬에서 오랜 유배생활을 하였다.

오우가를 노래한 것도 유배생활 중에 수·석·송·죽 같은 벗들이 그립고 아쉬웠을지도 모를 일이었다. 모든 것을 아우르는 세상을 꿈꿔왔기에 떠오르는 둥근 달이 그렇게 반가웠을지도 모른다. 많은 시 중에서 「어부사시사」의 후렴구가 내게는 그렇게 감동적일 수가 없었다. '지국총 지국총' 부분은 노 젓는 대로 물결치는 대로 배가 좌우로 기우뚱거려 멀미라도 날 것 같은 기분이었고 '어사화' 추임새에서는 노를 젓다 말고 잠깐 한숨 돌리는 어부를 떠올리게 했다. 단순히 자연을 노래한 것이 아니라 시인의 영혼 속에 자연이 녹아 흐르기에 이런 형상화가 가능하지 않았을까? 명장 밑에 약졸이 없다고 했는데 지금껏 시 한 줄 써보지 못한 나는 약졸 중 약졸이 아닌가.

고산과 우암 사이의 예송논쟁이 얼마나 격했으면 송씨 중에는 호인이 없고 송씨 가문과는 혼인도 해서는 안 된다고 우리 집안에 전해 내려왔다는 내 말에 선생님은 '그렇게까지?'라며 가벼운 웃음을 보였다.

지나가던 엿장수도 그늘을 찾았던지 우리 곁에 엿 목판을 내려놓았다. 선생님이 엿 두 가락을 샀다.

"점심을 못 먹어 배고플 텐데 이거라도 먹어라."
하며 내밀었다. 발자국만 따라 걷다가 그때야 선생님의 얼굴을 바로 볼 수 있었다. 고분고분하지 않으면 "이 스텍기보이 같은 놈." 하며 머리라도 쥐어박을 듯 호통치던 얼굴이 아니었다. 더없이 온화하고 자비스러워 보이기까지 했다. 그동안 내가 편견을 가졌던가? 선생님이 금세 환골탈태라도 한 것인가!

녹우당이라는 추사 선생이 쓴 현판이 걸린 종택과 제각들을 두루 돌며 내가 아는 지식과 아버지에게서 들은 유래를 기억나는 대로 말씀드렸다. 아름드리 붉은 소나무들 밑을 지나자 나지막한 담장으로 둘러싸여 고색을 머금은 듯 아담한 기와집이 나타났다. 고산 시인의 사당이다.

앞에 깔린 잔디가 햇볕에 반짝이고 있었다. 선생님은 문에 걸린 자물통을 몇 번 당기다가 아무런 반응이 없자 문을 두드렸다.

"윤고산 선생님, 문 열어주세요. 오화룡이가 왔습니다."

몇 번을 소리쳐 불러도 소용이 없자 갑자기 이마와 주먹으로 문을 치며 소리 내어 울기 시작했다.

"제발 문 좀 열어주세요. 선생님. 선생님. 그토록 선생님을 그리던 제가 왔습니다."

애타는 간청은 울부짖음으로 조용한 숲에 메아리로 울릴 뿐. 문짝은 삐걱대는 소리로 대답하고 있었다. 돌연한 상황에 당황스러워 나는 어찌할 바를 몰랐다. 한참 동안 문을 밀치며 성난 황소처럼 소리치던 선생님이 주저앉는가 싶더니 그대로 누워 버렸다. 갑작스럽게 용을 썼기에 지쳐 버린 것 같았다.

소나무가 그늘을 만들고 스치는 솔바람이 선생님을 재우고 있었다. 가슴 한복판의 붉은 넥타이 끝이 잔디 위로 흘러내려 있었다.

선덕여왕을 사모하여 탑돌이를 하다가 잠든 청년의 가슴 위에 여왕이 자신의 팔찌를 올려놓고 돌아갔다. 잠이 깬 지귀는 너무 기뻐서 팔찌를 안고 몸부림치다 가슴에서 불길이 일어 자신과 탑을 태웠다는 '지귀의 심화'처럼 그렇게 흠모하던 이를 찾아왔는데, 선생님의 가슴에서도 심화가 일어 저렇게 붉게 타고 있는 것이 아닐까. 저 심화가 시인의 마음인가.

이슥한 시간이 가고 선생님이 일어났다. 사당 마당에 피어있던 자목련 한 송이가 고산 시인의 마음인 양 돌아서는 우리를 담 너머로 전송하고 있었다.

* 현대 시인 오화룡(1915~1972) 함경북도 경성 출생.
1940년 혜화전문 졸. 1936년 서정주가 주재하는 시인부락2 동인으로 김달진 김동리 함영수 오장환 등과 함께 동인 활동.
「달밤」「바보산」「바우」「왕뇌」 등 상징적인 서정시 발표,
「까마귀 가슴 위에 묻히지 아니하랴」 1959년 발표시집 『밀림』 등이 있다.

# 봉황은 아직 오지 않았는데

콩밭 속에서 중얼거리는 소리가 들렸다. 가만히 들으니 당숙모가 밭을 매면서 '봉황은 언제 오나'를 신세타령하듯 되풀이하는 것이었다. 웬 봉황새 타령인가! 그제야 알 것 같았다. 가끔 제삿날 아침이면 바가지 샘가에 밥과 나물이 든 그릇이 있었다. 당숙모도 다른 할머니들처럼 가뭄에도 샘이 마르지 않게 해달라고 치성을 드리는 줄로만 알았는데, 그 대상이 벽오동나무였던가.

큰집 들어가는 길목에 벽오동나무가 쌍둥이처럼 서 있었다. 표면이 매끄럽고 키가 커서 보기만 해도 시원했다. 올려다보면 나뭇잎 뒷면에는 하얀 열매가 구슬같이 박혀 있었다. 먹으면 고소할 것 같은데 너무 높아 딸 수가 없었다. 당숙모는 그것이 나중에 귀한 새가 와서 먹을 열매라고 했다. 당숙모는 그 나무를 배오동나무라고 불렀다. 집에 들고 날 때나 샘에 갈 때마다 잠깐 멈춰 서서 그것을 쳐다보고는 했다. 그때는 그저 습관이려니 했는데.

당숙모가 사는 큰집은 초가삼간이었다. 안방 앞에는 조그만 마루도 있었는데 얼마나 잘 닦였는지 지는 해가 들 때면 반짝반짝 빛이 났다. 손바닥만 한 마당에는 굵은 감이 열리는 감나무 세 그루가 있었다. 사립으로 나가는 길 오른편에 대나무 숲이 있고 왼편 모퉁이에 벽오동나무가 서 있었다. 가까이에 당숙모가 물을 담아가는 조그만 바가지샘과 열 마지기 밭이 당숙모가 가진 것 전부였다.

당숙모는 혼자 살았다. 방에서 부엌, 샘과 밭을 다니는 것이 생활의 전부였다. 몇 마리의 닭 외에는 말동무도 없었다. 딸 셋은 일찍 출가시켰고 끝으로 장가들인 아들이 당신보다 먼저 떠났다. 그것도 좋지 않게. 그것이 평생 당신 가슴의 불덩이였다.

당숙모는 우리 가족에게는 가장 가까운 단 한 사람의 살붙이였다. 키가 작고 얼굴도 작아 눈·코·귀가 한 곳에 모인 것처럼 보였고 언제나 나무 비녀를 꽂고 다녔다. 그런 당숙모를 보면 각시 인형을 보는 것 같았다.

당숙모가 가장 아끼는 것은 두어 바가지의 마실 물을 항상 담고 있는 바가지샘이었다. 아들이 떠나고 난 뒤부터 하루에도 몇 차례씩 그곳을 오고 가며 혼잣말을 시작한 것이 바가지샘과 곁에 선 벽오동나무 같기도 했다. 그렇게 사는 당숙모를 보면 수도승 같다는 생각이 들었다.

7대까지 선영을 모시는 큰댁은 1년 내내 제사가 있었다. 당숙모는 하루 종일 밭에서 일을 하다가도 어느새 머리를 감고 제찬을 마련했다. 한여름에도 하얀 쌀밥은 꼭 제사상에 올랐다. 장을 보러 다니지 않는 당숙모는 제사에 필요한 것들을 어머니와 옆집에 부탁했다.

사람들은 당숙모를 방죽안댁이라고 불렀다. 당숙 첫 부인의 댁호였다. 당숙은 장가를 들어 처가에서 하룻밤을 자고 돌아왔는데 신부는 그때 풍습대로 친정에서 일 년 동안 해를 묵이게 되었다. 그런데 병이 들어 시집도 오지 못하고 세상을 떠난 기막힌 사연이 있었다고 한다. 그래도 몸은 우리 선산에 누워 있었다.

그런 사정을 알고 시집온 당숙모는 일찍 자식들을 낳고 아직은 푸른 치마인 나이에 남편을 먼저 보냈다. 그동안 많은 조상을 정성껏 모셨고 남편 없이 자식들을 다 출가시켰는데 늦게 장가든 자식이 그만, 어미 가슴에 불을 놓고 말았다. 부처님도,

하늘님도, 조상님도 다 소용없는 세월은 왜 그리 길었는지. 시집오던 그날부터 변함없이 그 자리를 지키고 서 있는 벽오동나무에 남은 세월을 걸지 않았나 싶다.

당숙모의 부음을 들은 것은 내가 비행 훈련에 여념이 없던 여름날이었다. 가뭄에 바가지샘도 말라 당숙모는 가까운 냇가에서 물을 떠 오는데, 며칠 동안 계속된 태풍으로 불어난 큰물에 그만 휩쓸렸다고 한다. 물이 빠진 후에야 냇가 나무뿌리에 걸린 당숙모를 발견한 사람이 우리집에 알렸다. 아직 봉황은 오지도 않았는데.

이듬해 여름 당숙모의 소상 겸 탈상 날에 맞춰 휴가를 냈다. 얼마나 큰 홍수였는지 열 마지기 밭 절반쯤이 모래 자갈로 덮여버렸다. 바가지샘도 묻혀버려 흔적조차 없었다. 태풍에 쓰러져 길게 누운 벽오동나무 사이로 그동안 자란 잡초만이 무성했다. 당숙모는 알고 계셨을 것이다. 세월은 무심하고 인생은 무상할 줄을. 그 세월 그 인생이 다 간 후에야 봉황이 온다는 것도.

# 벌과 죄

닭장 안으로 들어섰다. 조용했다. 평소 같으면 물통과 사료를 들고 들어서는 나를 향해 홰에 앉아 있던 닭들이 우르르 날아들 텐데 썰렁했다. 닭들이 없다. 놀란 내가 소리치자 부엌 쪽에서 어머니가 뛰어오셨다. 50여 마리나 되는 닭이 밤새 없어진 것이다. 마당 저편 연못에 구멍 뚫린 빈 종이 상자가 떠 있었고, 추수를 위해 헛간 앞에 쌓아둔 새 볏짚 가마니 몇 장이 없어졌다.

닭 몇 마리를 훔치려고 들어 온 도둑이 살찐 닭들을 보자 욕심이 생겨 가마니에 몽땅 담아 간 것 같다. 어떻게 키운 닭인데! 다리에 힘이 빠졌다. 그놈 짓이다. 마을에서 도둑이라고 소문난 그놈이다. 며칠 전에도 어머니는 한 해 동안 땀 흘려 수확해 독에 가득 채운 참깨를, 보기만 해도 배가 부르다고 하셨는데 그 많은 참깨를 다 훔쳐간 놈. 내 신체적 약점을 알고 한 짓이라 생각하니 더욱 분통이 터졌다.

실명한 것이나 다름없는 상태로 집에 돌아온 내게는 마땅히 할 일이 없었다. 당분간 시골생활에 정을 붙여보자는 생각으로 아버지의 조언에 따라 닭을 기르기로 했다. 일꾼들이 쓰던 방에 연탄난로와 연통을 설치하고 병아리 100여 마리를 들여왔다. 그날부터 나는 병아리와 함께 그 방을 써야 했다. 밤중에 기온이라도 떨어지면 병아리들이 한데 뭉쳐 사고가 날까 염려되어서였다.

날씨가 따뜻해지자 마당에 나무 기둥을 세우고 철사를 엮어 본격적으로 넓은 닭장을 짓기 시작했다. 장대로 홰를 만들고 둥우리도 몇 개 달았다. 닭들이 활동하기에 충분할 것 같았다. 하나하나 만들어가면서 즐거움이 더해졌다. 아침이면 연못 주위를 돌며 뜰채로 잡은 새우를 통째로 병아리에게 먹였다. 병아리들은 하루가 다르게 쑥쑥 자랐다.

“사람도 못 먹는 아까운 새우를 닭에게 먹이다니.”

아버지는 언짢아하셨다.

장마가 시작되자 어김없이 전염병이 돌아 닭들이 쓰러지기 시작했다. 숯가루와 고춧가루 버무린 것을 하루에도 몇 차례씩 먹였다. 날씨가 선선해지자 닭들은 힘을 차리기 시작했다. 그렇게 남은 숫자가 50여 마리였다. 녀석들은 주워 온 벼이삭이나 잡아 온 메뚜기 등을 던져 주면 서로 먹으려고 내 손등을 쪼았다. 사료라도 주려 하면, 앞자리를 차지하려고 사료통 안으로 몸을 비집고 들어오거나 내 등을 타고 오르기까지 하는 녀석들이 너무도 사랑스러웠다. 어느덧 붉어진 벼슬과 알 짓는 소리에, 어머니는 이제 얼마 안 있으면 알을 낳겠다고 나보다 더 기대에 차 있었다. 아버지도 이러한 나를 보며 다소 마음을 놓으시는 것 같았다. 그런데 이런 불상사가 생겼다.

마을 이장과 새마을 지도자는 내 처지가 딱했던지, 그 도둑이 닭을 팔러 나타나지 않을까 싶어 인근의 5일장을 모두 뒤졌다고 했다. 기대가 사라진 자리를 원망과 분노가 가득 채우고 있었다. 화가 풀리지 않은 나는 그의 어머니에게 당장 아들을 찾아내라고 다그쳤다. 또한, 마을 안의 여러 절도 사건들이 그놈 소행으로 확인되었음에도 잡지 않은 것은 직무태만이 아니냐며 파출소 경관에게도 따졌다.

'왜 젊은 놈이 도둑질을 해? 땀 흘려 이룬 다른 이의 결과물을 슬쩍 가로채어 가슴 아프게 하는 도둑질이야말로 세상에서 가장 악한 짓이 아닌가.'

선한 일 악한 일은 인간 자신의 자유의지에 의한 선택이다. 그렇지만 그냥 내버려 둘 수야 없지 않은가! 분한 마음 같아서는 당장 그 인간에게 내 속이 시원할 만큼의 벌이 주어졌으면 싶었다. 곁에 있으면 두들겨 패기라도 하겠는데….

모든 일에 똑같이 공평하지 않은 것이 사회다. 고대 함무라비 법전의 동해복수법(Talion)에 사람을 죽인 자는 사형을 시킨다. 그러면 열 사람을 죽인 자는 열 번 사형을 시켜야 마땅한 일이나 생명은 하나뿐이어서 그럴 수 없는 것이 현실이다. 혹자는 만일 악을 행하는 즉시 무거운 벌을 받는다면 사람들은 온전한 자유가 있을 수 없고, 행선피악의 여지조차 없이 오직 선행만을 위해 노예나 가축처럼 살아야 할 것이라고 한다. 그것은 악인들로 인해 가슴이 아파보지 않은 사람들의 말이다.

'수확 때까지 둘 다 함께 자라도록 내버려 두어라. 수확 때에 내가 일꾼들에게, 먼저 가라지를 거두어서 단으로 묶어 태워버리고 밀은 내 곳간으로 모아들이라고 하겠다.'는 성경의 말씀도 있는 것을 보면 내 바람도 바람으로 끝나게 될 것이 뻔하다.

인간 사회의 생활을 심하게 표현하면 '약육강식' 전쟁이라고도 말한다. 이러한 치열한 사회생활에서 살아남으려면 남을 밟고서라도 이기는 수밖에 없다고 강변한다. 그러나 세상은 정직과 성실로 사람들의 신뢰와 존경을 받으면서 기쁘고 평화롭게 살아가는 사람들이 더 많다.

소설 『주홍글씨』에서, 엄격한 청교도 사회에서 금기를 깨뜨린 헤스터는 죄의 상징인 주홍글씨를 가슴에 달고 산다. 그러나 자신의 불륜이 밝혀질까 봐 안절부절못하는 딤즈테일 목사의 가슴 속은 새까맣게 타들어 간다. 불륜은 두 사람이 했지만, 정작 심적 고통을 받고 있는 것은 헤스터가 아니라 가슴속에 죄를 숨기고 사는 딤즈테일 목사였다. 나중에는 그도 사람들 앞에서 잘못을 고백한 후에야 그때까지의 벌에서 풀려나 용서받고 하늘나라로 가게 된다.

소설 『죄와 벌』에서, 전당포 노파를 도끼로 살해한 라스콜리니코프는 가난한 서민들에게 못된 짓을 하는 악인을 하늘을 대신해서 처단했다고 자신의 범행을 합리화한다. 그러나 소냐를 만나 사랑을 하면서, 자신의 죄를 고백하기 전까지는 범행이 밝혀질까 두려워 불안, 번민, 공포와 때로는 후회로 끊임없이 고통을 받는다. 그것이 라스콜리니코프에게 주어지는 벌이었다. 소냐의 권유로 자수를 하고 형을 받아 시베리아로 유형을 떠나게 되는데, 라스콜리니코프에게 유형은 벌에서 풀려 속죄와 참회의 시간이 된다.

누구나 살면서 크고 작은 죄를 지을 수 있다. 인간은 죄를 지어서 죄인이 아니라, 죄인이기에 죄를 짓는다고 한다. 그것을 속죄나 참회로 밝히지 않고 가슴속에 숨기고 사는 것이 벌이다.

한때 내 가슴을 그렇게 아프게 했던 그가 반평생이 지난 지금 밖으로 드러나는 어떤 표식을 달고 고향에 돌아왔다고 한다. 헤스터처럼, 라스콜리니코프처럼 그도 이제는 참회의 삶을 살기를 바랄 뿐이다.

# 6

# 한 편 두 편 써가며 그날까지

# 번개 국숫집

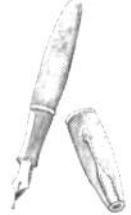

코로나19를 핑계로 손주들까지 데리고 용인의 숲속에서 하루를 보냈다. 더위가 가실 시간에 일어섰더니 퇴근시간과 맞닥뜨렸다. 간선도로를 타지 못하고 뒷길로 찾아오다 시간이 늦어져 시장기가 들었다. 인터넷을 훑던 딸이 분당에 메밀국수 잘하는 집이 있다는데 가겠느냐고 물었다. 배가 고프던 참이라 그 식당으로 향했다. 몇 가지 메뉴 중에서 나는 들깨 메밀국수를 시켰다. 첫술부터 구수한 것이 입맛에 맞았다. 들기름에 말았는데 느끼하지도 않고 감칠맛이 있었다. 전에 어디서 먹어 본 듯한 맛이었다.

내가 처음 막국수를 먹은 곳은 양구 남면 군부대 뒤의 국숫집이었다. 그 당시는 주번 근무를 한 주씩 돌아가면서 했는데, 중화기 중대장이 대대 주번사령이 되면 주번 끝날 때까지 자주 막국수를 먹었다. 순찰을 끝내고 별다른 약속이 없어도 미리 정해 놓은 시간에 그 집으로 모였다.

식당 안은 열기가 후끈했다. 흙바닥 위에 멍석이 깔려 있었다. 군화를 벗지 않고 들어가 앉았다. 특별히 우리에게만 주어지는 배려였다. 여차하면 뛰어나가야 하기 때문이었다. 간판도 없는 그 집을 우리는 번개 국숫집이라고 불렀다.

장작불로 지피는 가마솥 위에서 메밀가루 반죽을 눌러 국수를 뽑고 삶았다. 들기름과 숭숭 썬 김치에 말은 국수를 우리는 땀을 빼면서 먹었다. 환장할 맛이었다. 밖은 꽁꽁 언 추운 날인데 바닥에서 올라온 열기로 방 안은 한증막 같았다. 미리 부탁하면 팥시루떡이 시루째 상 위에 놓이고 동치미 국물이 곁들여진 즉석 떡 잔치가 벌어졌다. 1·21사태가 나기 전까지는 그런 즐거움도 있었다.

항공기 조종을 하면서부터 나는 자주 동해안 임무를 다녔는데 속초에서 먹은 함흥냉면 맛에 단번에 빠졌다. 남쪽에서 자란 내게 냉면은 생소한 음식이었다. 서울에 있으면서도 도서관, 학원만을 전전했기에 맛과는 멀었다. 그런 내게 그 맛은 가히 환상적이었을 뿐 아니라 인생의 의미까지도 다시 생각하게 했다.

함흥냉면은 질기면서도 달콤하고 매콤한 맛에 먹는 것 같았다. 회냉면에 들어가는 가자미 회무침의 부드럽게 씹히는 식감은 시원하면서 상큼하기까지 했다. 냉면을 먹으면서, 내 인생의 목표를 정함에 있어 왜 경직된 사고로만 판단과 결정을 하는지, 왜 냉면처럼 질기지 못할까. 늘 내게 던지던 질문이었다.

냉면 맛을 알기 전에는 속초의 넓은 바다가 시원했고 그 위를 돌아 활주로에 사뿐히 내리면 그만이었다. 그러나 냉면과 친해지고부터는 태백산맥을 넘으면 시장기가 느껴지고 군침이 도는 버릇이 생겼다. 그래서 착륙하기까지 마음이 급해졌다. 마누라가 이쁘면 처갓집 쇠말뚝을 보고도 절을 한다더니 나는 멀리서 '함흥냉면옥'이라는 간판만 보여도 반가워 걸음이 빨라지곤 했다. 강원도 대표 사이클 선수의 뒷바라지를 그 식당에서 한다는 소문도 들렸다. 상업적이기보다는 좋은 음식을 대접하겠다는 주인의 정성이 느껴졌다.

근무지를 옮기면서 이번에는 평양냉면집을 얼마 동안 찾게 되었다. 부대가 많은 지역이라서 높은 사람들이 자주 찾는 집이었다. 원래 평양냉면은 꿩고기를 쓴다는데 그 집에서는 소고기를 넣지만 국물이 시원해서, 나는 식당 앞에 상관의 차가 없는지 확인하고 나서 들어가곤 했다. 어느 날은 냉면을 먹고 돌아왔는데 운전병이 지프 뒷좌석에서 방석들을 내리는 것이었다. 자세히 보니 방금전까지 식당에 있던 방석이었다. 이유를 물으니 방석이 예뻐서 우리 부대 귀빈실 소파에 놓으려 가져왔다고 한다. 나무랄 수도 없었다. 내가 발을 끊는 수밖에.

한때는 속초 비행장 뒷골목의 메밀 국숫집들이 인기를 끈 적이 있었다. 나도 식구들과 그곳을 몇 번 가 보았다. 주차가 많이 되어 있는 집으로 들어갔다. 벽에는 '국수가 맛있는 집'이라고 유명한 재벌 정 아무개가 쓴 글이 붙어 있었지만 맛은 별로였다.

서울 시내의 여러 곳과 춘천, 경기도 의왕까지 메밀국수 맛집이라면 찾아다녔으나 번개 국숫집 맛 같지는 않았다. 그 후 강원도 고성의 건봉산 자락에 있는 막국숫집을 알아냈다. 국수도 맛이 있을 뿐 아니라 황태채를 양념에 삭혀서 회무침처럼 곁들이는데 독특한 맛을 냈다. 나는 그곳을 기회 있을 때마다 찾았고 군 동기생 가족들에게도 소개를 해주었다. 지인들도 화진포 가는 길이면 꼭 그 집을 들르고 혹 전화번호라도 잊으면 내게 묻곤 했다.

얼마 전 그 식당을 갔는데 동치미 육수에서 수돗물 냄새가 나는 것 같았다. 그동안 내가 안내했던 고객들도 꽤 될 텐데, 실망하지는 않았을는지.

peak and end라는 말이 있다. 사업이건 대인관계건 절정도 마지막도 중요하다는 의미다. 어디쯤이 끝이 될지 모르겠지만 절정기에 하듯이 하면 끝이라는 것이 없지 않을까.

# 세월의 마술

TV를 보다가 또 한 번 놀란다. 한때 층간 소음 문제, 주차 문제로 이웃 간에 주먹다짐이 오가고 상대의 목숨까지도 해치는 사건들이 빈번했다. 이번에는 뒤에서 경적을 울렸다고 쫓아가서 그 차의 유리를 벽돌로 박살 낸, 소름 돋는 일이 있었다. 근래에 와서는 젊은 엄마들이 어린 자식의 생명을 아무 거리낌 없이 앗아가는 비정한 사건들이 잊을 만하면 발생하여 우리를 안타깝게 하고 있다. 소위 말하는 분노조절장애인가? 어디서 무슨 일이 일어날지, 당하게 될지 거리에 나서기가 두렵다.

먹을 것 입을 것 걱정 안 해도 되고 암에 걸렸다가도 살아나고 마음만 먹으면 유학도 여행도 마음대로 할 수 있는 세상이 되었는데. 삶은 점점 고달파지고 갈수록 민심은 각박해져 가는 것만 같다. 정치, 경제, 사회문제가 온갖 부정적인 뉴스로 신문 지면이나 TV 화면에 가득하다. 오죽하면 "테스 형, 세상이 왜 이래." 답답한 현실을 고대 철인에게 하소연하는 듯한 가요까지 등장했을까.

세상이 왜 이럴까? 직장이 마음에 들지 않아서, 집이 없어서, 결혼을 못 해서, 부조리한 사회 현상이 보기 싫어서라면 이유가 된다. 젊은이들이 외제 스포츠카를 타고 다니고, 고급스럽게 꾸며진 사무실에서 한껏 거드름 피우며 사람 부리는 행동들은 나이 든 눈에도 설다. 그러나 어쩌랴, 권리보다는 의무를, 오늘보다는 내일을 먼저 생각하며 죽을 둥 살 둥 모르고 살아온 사이 보기 싫은 일들이 사회의 한 단면으로 자리 잡아버린 것을.

명예를 손상시키고 체면을 깎는 사람에게 원수 같은 놈이라고 한다. 물질적인 손해를 입힌 사람에게도 똑같은 욕을 한다. 부모를 비방하고 해치면 같은 하늘을 머리에 이고 살 수 없다는 불구대천 원수라고까지 부른다. 이렇게 따지다 보면 우리 주위가 원수로 가득하다. 지하철을 함께 타고 있던 사람이 원수일 수도 있고 카페에서 차를 함께 마신 사람이 원수일 수도 있다. 퇴근길 포장마차에서 등 뒤에 앉아 술을 마시는 사람, 아침저녁 승강기를 함께 타는 사람이 원수일 수도 있다. 이렇게 많은 원수들과 그들이 한 일을 기억하면서 한세상을 힘들게 살아가야 하는 것인지!

성경 말씀에 '원수를 사랑하여라. 박해하는 이들을 위해 기도하라.'고 한다.

물질적으로 큰 손해를 입혀 지금까지도 힘들게 하는 그놈을 사랑하고 기도하라고. 내 부모의 얼굴에 먹칠을 하고 이름을 더럽힌 자를 용서하라고. 꿈속에서 그자의 얼굴이 떠오르면 혈압이 오르고 호흡이 거칠어지는데 용서는 못해, 절대로 못해!

옛말에 은혜는 바위에 새기고 원한은 맹물에 쓰라고 했는데 실제로는 그 반대다. 그래서 용서는 신의 영역이라고도 한다. 용서는 힘들지만 내가 먼저 상처를 입기에 나를 위해서 하는 것이다. 시작이 반이라고 미움으로 굳었던 마음도 세월과 함께 조금씩 풀리는 것 같다.

우리집 사랑마루 끝에 서면 들판 너머 쭉 뻗은 신작로가 보인다. 그 신작로를 따라 우리 논 열한 마지기가 있었다. 논 가운데서는 가장 넓고 좋은 논이었다. 어머니는 그 논을 팔아 아들 취직시키는 데 쓰자고 아버지를 졸랐다. 엄두가 안 나는 일이었지만 자식을 위한 일이기에 아버지는 논을 팔았다. 그 큰돈이 얼굴도 모르는 사람의 손에 넘어갔다. '외자청'에 손을 써 두고 3년여 세월을 기다린 끝에 돌아온 소식은 군사혁명으로 외자청

이 없어져 버렸다는 간단한 한마디였다. 그 돈을 어떻게 하겠다는 말도 없었다.

아버지는 둘씩이나 두었던 일꾼을 내보내고 힘들어도 당신 혼자 농사를 지어야 했다. 여러 자식들을 가르치기 위해 해마다 이곳저곳 논밭을 팔아야만 했다. 그렇게 가세가 기울기 시작했다. 한꺼번에 없어져 버린 반평생을 아버지는 속으로 삭였다. 마루 끝에 서서 논이 있는 쪽을 바라보는 것이 아버지가 내보일 수 있는 마음 전부였다. 그렇게 세월도 갔다.

자식에 대한 아버지의 꿈이 잠시 접혔을 뿐, 아직도 반평생의 삶이 아버지에게는 남아 있었다. 논을 팔기로 결심한 자신을 용서하지 못했을지 모르지만 돌려받지 못해 생긴 그 큰 멍울은 세월과 온갖 풍상 속에 사그라져 갔다.

내게도 오래도록 미움으로 남아 있던 친구가 있었다. 며느리가 외국에서 출산을 하게 되어 급히 돈이 필요하다고 친구 부부가 달려왔다. 전세 보증금으로 마련해 둔 일부를 빌려주었다. 약속 날짜가 지나도 소식이 없었고 거처마저 옮겨버렸다. 다른 친구를 통해 골프장에서 보았다는 소식을 들었다. 돈을 못 갚는 것이 아니라 갚지 않으려는 것 같았다. 생활이 어려운 친구 딸의 대학 등록금을 대신 내주었을 때와는 달리 그 친구의 행태는 도저히 용서할 수가 없었다. 오랜 군 생활을 통해 인격과 교양이 갖추어진 줄 알았고 연금도 꽤 되는 줄 아는데. 그렇게 얄밉고 괘씸한 그를 세월과 함께 용서했다. 금쪽같은 20여 년의 세월을 돈 뒤에 숨어 허송해버린 그가 안타까울 뿐이다. 스무 살 가까이 훌쩍 커버린 손자를 보며 그 애의 외국 국적만 대견하다고 생각했다면, 세월이 용서의 마술을 가진 줄을 그는 이미 알고 있었던가!

# 신발 한 켤레

현관엔 언제나 내 신발 한 켤레가 가지런히 놓여있다. 검은색 운동화다. 내 발을 포근하게 감싸 보호해주는 신발이다. 아파트 앞 계단을 내려서면서 가볍게 충격을 흡수해 주는 편안함에 고맙다는 생각을 해본다.

지난번 수술을 받으러 병원에 갈때도 그 신발을 신었다. 병실에서 실내화로 갈아 신으면서 그 신발을 다시 신지 못하게 될지도 모른다는 서글픈 생각이 순간적으로 스쳤다. 늦은 나이에 큰 수술을 받게 되니 아무래도 자신이 없었던 것이다. 마취가 깨어 지독한 통증 속에서도 다시 신발을 신게 되는구나 하는 안도감이 들었다.

신발, 단순하게 생각하면 우리 발을 보호해주는 도구일 뿐이다. 그러나 발걸음을 떼어놓을 때마다 나와 몸놀림을 같이 한다. 신발이 없다면 당장 어떻게 살까. 수렵 채집하던 시대의 인류를 생각해 보자. 열매나 버섯을 따기 위해 산야를 헤매고 동물을 쫓기 위해 가시밭, 돌밭을 뛰어야 했을 그때도 어떤 형태이든 신발이 있어서 가능했을 것이다. 또 우리의 삶에서 생리적 본능만을 생각하면 식, 의, 주의 순서가 당연하겠지만 사람은 사회적 동물이다. 그래서 의식주의 순서로 표현하는 것이다. 의생활에서도 신발은 가장 중요한 부분의 하나다. 이처럼 신발은 우리 인류의 삶에서 무엇보다 소중하고 고마운 존재이다. 세월과 함께 신발도 그 목적 기능에 따라 색깔, 모양 등 다양한 변화를 해왔다. 그런 신발을 요즘 젊은이들은 그것의 소중한 가치를 브랜드와 비싼 가격만으로 판단하니 어딘가 크게 잘못된 생각인 것 같다.

40여 년 전 한국어를 공부하러 온 외국 신학생들이 가끔 우리 집을 방문했었다. 한 학생이 현관에 들어설 때마다 뒤로 돌아 신발을 가지런히 하는 것을 볼 수 있었다. 그것이 내 눈길을 끌었다. 한 켤레만이라도 바깥 방향으로 가지런히 놓여 있어도 현관이 잘 정리된 것처럼 보기에 좋았다. 나도 그렇게 신발을 건사하면서부터 신고 벗을 때, 좋은 행동과 습관을 학습시켜 준 그 학생에게 항상 감사한다.

좋은 것을 흉내내고 모방한다는 것은 바람직한 태도다. 세상에서 제일 흉내를 잘 내는 동물은 인간이라고 한다. 인간은 모든 생물을 모방하여 물건을 만든다. 새를 보고 비행기를 만들었고, 배는 물고기를 본떠 만든 것이다. 모방은 단순한 흉내가 아니라 보다 가치 있고 철학적인 것이다.

미국의 석유왕 록펠러는 그의 나이 55세 때 불치병에 걸려 일 년 시한부 인생의 진단을 받았다. 부모님은 독실한 그리스도교인이었으나 그는 냉담 신자였다. 그가 어렸을 때 부모님이 어려운 이웃을 돕던 일이 생각나서 그때부터 이웃들을 돕는 일에 앞장섰다. 1926년경에 약 6000만 달러라는 거액을 시카고대학에 기증하면서 어려운 사람을 위해 쓰라는 부탁을 했다. 그는 열심히 기도하는 삶을 살았다. 그 결과 시한부 인생이 98세까지 무려 43년이나 더 살게 되었다.

농부였던 아버지는, 어떻게 그 많은 돈을 사회에 기증하게 되었느냐는 기자의 질문에 자신의 부모님은 가난했지만 어려운 이웃을 돕는 자선 행위를 유산으로 상속받은 결과라고 대답했다고 한다. 이것이 모델 학습이다. 가르치지 않아도 강요하지 않아도 보는 것만으로도 자연스럽게 학습된 것이다.

동양에서도 모델 학습의 좋은 교훈이 있다. 『명심보감』의 「효행편」에는,

효도하고 순종하면 효도하고 순종하는 자를 낳고/ 거스르고 반항하면 거스르고 반항하는 자를 낳느니/ 믿지 못하겠거든 처마 끝에서 떨어지는 낙숫물을 보아라/ 점점이 떨어지는 곳이 바뀌지 않느니라

했다. 부모님께 순종하고 효도하는 것은 예나 지금이나 앞으로도 변함없는 인간 윤리요 진리인 것이다. 그렇듯 가르치고 보여주어도 쉽게 따라하지 않는다. 한때 버려진 독거노인들의 눈물겨운 사연들이 화제가 되더니 몇 해 전부터는 어린 자식을 굶기거나 구타하는 등 잔인한 방법으로 죽게 하는 사건들이 연이어 보도되었다. 코로나19의 영향인지 최근에는 더욱 빈번한 것 같다. 까마귀도 새끼가 나오면 60일 동안 먹이를 물어다 새끼를 키우고 새끼가 자라면 어미를 봉양한다고 하는데(반포지효, 反哺之孝) 인간이 까마귀만도 못하다는 말인가!

좋은 본보기는 인간의 심성이나 행동을 바꾸고 수정할 수 있다. 교육은 인간을 바람직한 방향으로 변화시킨다는데 지금은 백약이 무효인 시대인가. 오늘도 우리집 현관의 뒤엉킨 손주들의 신발 사이에 가지런한 것은 내 신발뿐.

# 신바람도 한때

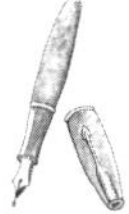

9층에 내려가면 야외 풀장이 있다고 손녀가 내 손을 이끈다. 쏟아지는 햇볕 아래 물소리와 물놀이용품으로 장난치는 아이들, 쿵쿵 울리는 음악 소리로 법석이다. 사방이 벽으로 둘러싸여 있기에 소리가 더 크다. 열심히 수영을 하는 아이들, 인공폭포에서 떨어지는 물을 맞는 어른들도 있다. 물과 맞닿는 부분이 목재로 둘러있어 발만 담그고 있는데 바닥이 따끈하다. 해가 기운 만큼 서쪽부터 수영장에 그늘이 드리우고 있다. 물이 얕은 쪽은 아이들 판이고 안쪽 깊은 곳에서는 어른들이 수영을 하거나 공을 주고받고 있다. 나는 비치파라솔 아래 의자에 비스듬히 누웠다. 날씨는 더없이 따뜻하고 간간이 불어오는 시원한 바람이 있어 상쾌하다. 내려다보이는 네모 안의 수영장에 파란 하늘이 그대로 들어 있다. 아이들에게는 물이 좋은가 보다.

내게도 물이 저렇게 좋은 때가 있었지! 학교에서 돌아오는 길에 물이 흐르다가 굽어진 곳에 다리가 있었다. 흐르는 물이지만 다리 밑은 더 깊었다. 여름이면 저만큼 모래톱에 책보와 옷을 벗어놓고 발가벗은 채 다리 난간에 나란히 선다. 먼지를 일으키며 달려오는 자동차가 다리에 도착할 때면 하나둘 소리에 맞춰 물속으로 풍덩풍덩 뛰어든다. 처음에는 콧속이 맵고 더러는 물을 먹기도 하지만 여름 내내 비가 오지 않은 때는 날마다 그렇게 했다. 덕분에 개헤엄, 개구리헤엄, 송장헤엄(배영)을 익힐 수 있었다.

그곳에서 여름을 몇 번이나 보내고 나서야 우리는 저수지로 갔다. 잊을 만하면 사람이 빠져 죽어 소동이 일던 곳이다. 깊고 넓은 데다가 물빛이 파래서 둑에서 내려다보기만 해도 오싹 무서운 생각이 들었다. 부모님들이 알면 엄청 혼이 날 텐데도 학교가 끝나면 그곳을 찾았다. 물놀이를 하다가 몸이 식어 추우면 널찍한 돌에 누워 몸을 덥혀서 다시 들어가곤 했다. 어떤 때는 저수지 절반까지 갔다가 힘이 빠져 겨우 나올 때도 있었고, 바닥을 향해 깊이 들어가다가 갑자기 물이 차가워져 놀라 버둥대며 떠오른 적도 있었다. 얼마나 멀리 갈 수 있느냐가 그때 우리의 자랑거리였다. 항상 물 넘는 곳까지 물이 찰랑찰랑 차 있었고 어른들도 겁을 내던 그곳에서 우리는 철없던 한때를 무서운 줄 모르고 보냈다.

오랜만에 고향에 갈 일이 생겼다. 이번에는 그곳을 꼭 가봐야지 속으로 다짐했다. 아내에게도 같이 가자고 약속을 했다. 가던 날은 화창한 날씨여서 저수지까지 걷기로 했다. 둑을 오르내리던 길가에 전에 없던 카페가 생겼다. 커피 한잔을 마시며 나는 잠시 후에 볼 저수지의 크기에 대해, 또 우리가 어디까지 헤엄쳐 다녔는지 아내에게 자랑도 할 겸 궁금증을 주려고 또 한 번 되풀이해서 설명했다. 잠시 후 둑에 올라선 아내는 기대와는 달리 한동안 말이 없었다.

"아무 데서나 볼 수 있는 그저 그런 저수지인데, 수영 얘기만 나오면 귀에 못이 박히도록 자랑을 했네." 한마디였다.

청년이 되면서부터는 무대를 바다로 넓혔다. 사천에서 훈련중일 때는 삼천포의 남일대해수욕장에 자주 갔었다. 어느 날 다이빙 연습을 하려고 발판 끝에 서 있는 나를 본 친구가 떠밀려고 쫓아와 다급해진 나는 그대로 물로 떨어졌다. 그 충격에 곁에서 물놀이하던 아가씨의 튜브가 뒤집어지고 아가씨가 물속으로 빠져버렸다. 허우적거리며 떠오른 아가씨를 다시 튜브에 태웠을 때는 바닷물을 많이 먹은 것 같았다. 더 곤란한 일은 아가씨의 선글라스가 물속으로 가라앉은 것이다. 친구와 둘이서 잠수하여 아무리 찾아봐도 없었다. 여러 차례 사과를 한 후에야 겨우 용서를 받을 수가 있었다.

가포 앞바다에서는 보트놀이를 하던 중에 동승한 여성과 대화를 하다가 안전지역을 벗어난 것을 모르고 있었다. 파랗게 질린 여성에게 걱정 말라고 큰소리는 쳤지만 내 노 젓는 실력으로는 파도를 넘어가지 못할 것 같았다. 쩔쩔매는데 지나가는 순시선의 도움을 받는 스타일 구기는 일이 있었다. 화진포와 낙산해수욕장 등에서도 갖가지 추억을 만들며 젊은 한때를 보냈다. 해마다 여름철이면 바다나 계곡에서 일어나는 많은 사건 사고들이 나와 내 주변에서는 한 번도 생기지 않았다. 운이 좋았는지, 그런 복이 내게 있었는지….

어느덧 풀장 전체에 그늘이 지고 있다. 아까보다 바람이 더 세게 불어와 머리 위 나뭇잎들을 흔들고 지나간다. 시원하다. 무엇이 그리도 즐거운지 떠드는 소리와 음악 소리는 여전하다. 이렇게 풀장에서 지난날의 추억을 더듬어보는 이 순간도 먼 훗날 생각해보면 신바람 나는 한때가 아닐까.

# 파이롯트 만년필

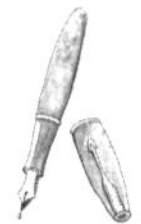

아침 회의 중이었다.

"안 돼."

부장님의 한마디에 서로 얼굴만 쳐다보았다. 그때, 노크 소리와 함께 한 병사가 들어섰다. 문 가까이 앉은 내게

"저희들 마음이니 받아 주십시오."

손에 든 것을 내밀었다. 얼떨결에 받아 든 내게 와! 동료들이 환호를 했다.

분위기를 짐작한 부장님이

"20여 년이 넘는 내 군생활 동안 전출 가는 장교에게 병사들이 선물하는 것은 오늘 처음 보았소. 먹고 싶은 것을 참고 모았

을 텐데. 좋아! 허락하지.”

그 당시 육군 항공 조종사는 조종 외에도 운항, 정비, 재산, 행정 등 지상업무 한 가지씩을 맡았다. 나는 정비 업무였다. 무더운 날씨에 정비병들의 작업복은 땀으로 흥건했고, 겨울에는 시퍼렇게 얼은 기름 묻은 손으로 조이고 기름 치느라 애쓰는 것을 볼 때마다 안쓰러웠다. 내가 정비 업무를 담당한 후로 내 비행 임무가 없을 때는 늘 그들과 함께했다. 섬세하면서도 철두철미한 손놀림을 보면서 단순히 정비만이 아니라 그 일 자체를 사랑한다는 것을 느낄 수가 있었다. 곁에서 말동무도 되어주며 함께하는 시간이 그들에게 친밀감을 주었을지도 모른다. 가끔 공구를 분실할 때면 크게 혼을 내기도 했지만 나는 업무 외에도 언제든지 그들이 속을 털어놓을 수 있는 좋은 형이 될 수 있었던 것 같다.

그해 여름 우리 부대에서는 조종사 두 사람이 희생된 항공기 사고가 있었다. 한쪽 엔진에 문제가 생긴 항공기의 고장 원인을 2주 가까이 찾다가 결국 다음 단계의 정비를 위해 이륙하던 중 추락한 것이다.

부대가 발칵 뒤집혔다. 그 사고로 나를 포함한 우리 정비 대원들의 입장이 말이 아니었다. 무더운 날씨에 그렇게 고생을 했는데…. 보람도 없이 죄인 꼴이 되어버렸다. 가버린 두 동료를 생각하며 최선을 다해 조사를 받았다. 정비병들도 성실하게 조사에 임했다.

사고 원인은 '이륙 중 불시의 엔진 고장'으로 밝혀졌다. 먼저 간 분들에게는 미안한 일이나 아무도 예측할 수 없는 것이 불시의 고장이 아닌가! 다행히 더 이상의 문제는 없었다. 그러나 관례상 인사 조치는 있어 왔고 언제일지는 모르나 그 대상이 내가 될 줄은 짐작하고 있었다.

운항실을 향해 가고 있는데 정비반장이 탄 스리쿼터가 앞에 와 섰다.

"빨리 운항실에 가 보세요."

얼굴을 돌리는 그의 눈자위에서 물기 같은 것이 보였다. 평소 나를 따르던 사람이었다. 불안한 생각이 스치고 지나갔다. 짐작대로 내 전출 명령이 나 있었다. 남들이 가기를 꺼리는 곳이었다.

'괜찮아, 세상을 떠난 사람도 있는데.' 나는 어금니에 지그시 힘을 주었다. 정들었던 곳을 떠난다는 것은 서글프고 안타까운 일이었다. 그동안 마음을 주고받았던 병사들과 헤어져야 하는 것이 더욱 가슴 아팠다. 잿빛 하늘이 금방이라도 눈을 쏟을 듯 무겁게 내리누르고 있었다.

사고 발생에서 처리까지 많은 어려움을 겪었고 그 책임을 혼자서 걸머지다시피 가는 전출이었다. 그런 '나'를 새 임지까지 우리 항공기로 태워 보내주자는 운항장교 송 대위의 제안이 거절당했다. 그런데 선물을 가져온 병사를 보고 감동했는지 부장님의 결심이 바뀐 것이다.

동료들이 궁금해할까 봐 포장을 뜯었다. 파이롯트 만년필이 나왔다.

“근사한데. 은빛 저고리에 감색 치마라! 코디가 잘됐는걸.”

저마다 한마디씩 던졌다. 날렵한 모양이 마음에 꼭 들었다. 뚜껑을 여니 샛노란 펜촉이 눈에 들어왔다. 손바닥으로 감싸 쥐어봤다. 뿌듯했다. 월급이라야 고작 라면 몇 봉지 값밖에 안 되었을 텐데. 콧속이 화끈해 왔다.

‘고맙다. 서 중사, 조 병장, 한 상병.’ 얼굴이 차례로 스쳐갔다.

새로 간 곳은 이쪽저쪽 산봉우리에 장대를 걸칠 만큼 하늘도 좁게 보이는 곳이었다. 그만큼 활주로도 짧고 바람 방향이 잘 바뀌어 사고가 잦다고 했다. 나는 그런 악조건임에도 쉽게 적응할 수 있었다. 그곳 사람들과도 금방 친해졌다. 더구나 비행 재킷에 늘 꽂고 다니는 만년필의 사연을 알고 그들은 내게 더 호감이 가더라고 했다.

높은 고개를 넘어 한 시간 남짓 거리에 바다가 있어, 그것도 좋았다. 파도 위로 불어오는 바람이 좋아 자주 찾았다. 그곳에서 아내를 만났다. 만년필이 그때부터 위력을 나타내기 시작했다. 왕거미 뒤에서 거미줄 나오듯 끈끈한 정이 묻어나는 사연을 술술 풀어냈다. 그렇게 사랑과 정성이 가득 담긴 편지가 종이비행기처럼 태백산맥을 넘나들었다.

결혼 후 아내는 내가 보냈던 수십 통의 편지를 꼭꼭 싸두었다가 꺼내놓았다.

한 장 한 장 썼던 날짜를 보며 그 당시 기억이 되살아났다. 은빛 뚜껑도 만년필의 금빛 펜촉도 그대로였다. 정비사 휘장을 가슴에 단 병사들의 얼굴이 하나하나 선명하게 떠올랐다. 그대들이 선물한 만년필의 인연으로 만들어진 내 가정이 아닌가! 고마운 만년필.

# 저만의 향기

안방에서 시작하는 마루 끝에 사랑방이 있었다. 미닫이로 나뉜 아랫방은 아버지가, 윗방은 형과 내가 썼다. 서쪽으로 난 문을 나서면 좁은 쪽마루가 놓여 있다. 몇 걸음 건너에 농사일 틈틈이 아버지가 가꾸시는 조그만 화단이 있었다.

아침부터 비가 왔다. 넓은 목단 잎에 두두두두 쏟아지는 빗소리가 시원스러웠다. 떨어진 목단 꽃잎들이 비에 젖어 자주색 카펫을 깔아 놓은 것 같았다. 곁에 서 있는 석류꽃이 발그스레한 분홍빛이라서 더 그런지도 몰랐다. 저만큼 살구나무와 물앵두나무도 토실토실 살찐 열매들을 잘 씻어달라는 듯 몸을 내맡기고 있었다. 울타리 구석 큰 소나무와 그 앞 유자나무까지 뿌옇게 물보라를 일으키고 있었다. 사방은 조용하고 들리는 것은 빗소리뿐. 어느새 사랑 마당에도 동그란 물거품들이 앞마당으로 떠가고 있었다.

쪽마루는 처마가 짧아 들이치는 비에 젖었다가 기우는 햇볕에 마르기를 되풀이했다. 그래서 마루 표면이 거칠고 밟을 때마다 삐걱거렸다. 그곳에서는 터 안 모든 것이 한눈에 들어왔다. 공부를 하거나 글씨를 쓰거나 언제나 그 문은 열려 있었다. 넓고 매끈한 앞마루보다는 다소 외진 듯한 그곳이 좋아 한겨울만 빼고는 나는 늘 거기 있었다.

오월이면 목단꽃이 사랑 앞을 덮다시피 했다. 여느 꽃처럼 향기가 바람에 실려 가볍게 발산하는 것이 아니라 꽃이 향기를 품고 있어 은은했다. 꽃이 피어있는 동안 사랑 앞은 별천지 같았다. 그 꽃에 대한 아버지의 감상은 언제나 "참 이뻐다." 한마디였다.

일요일에 형과 나는 붓글씨를 썼다. 형의 글씨는 획이 곧고, 간격이 골라 힘이 있는 글씨라고 아버지에게 늘 칭찬을 받았다. 글씨로 나는 한 번도 칭찬을 들어본 적이 없었지만, 정성껏 먹을 갈고 글씨를 썼다. 어떤 때는 구수한 냄새에 돌아보면 튀긴 보리나 탱글탱글 먹음직스런 물앵두, 삶은 감자가 담긴 쟁반이 쪽마루에 놓여있곤 했다. 어머니가 살짝 두고 가신 것이다.

새벽이면 형과 함께 아버지 앞에 한문책을 펴 놓고 앉아 전날 배운 구절을 외웠다. 형은 소학 하권을, 나는 명심보감을 배우는 중이었다. 그런데 외우는 것은 자신이 있었다.

"글씨에는 재주가 없는 것 같더니 글이라도 그만하니 다행이구나." 하시며 가끔 내게도 칭찬을 하셨다. 우리는 소학을 떼고 족보까지 익혀야 사랑방을 떠날 수 있었다. 외지에 나가 있는 형들도 그 과정을 거쳤다. 아버지는 평소 성현의 말씀을 자주 인용하심으로써 우리 형제가 그 의미를 스스로 터득하기를 바라셨다.

아랫방에는 언제나 익숙한 냄새가 있었다. 낮은 책상 곁에 놓인 아버지가 가장 소중히 여기는 단계석 벼루와 먹, 붓이 내는 묵향이었다. 그 향기는 책, 나무 재떨이, 벽에 걸린 족자, 심지어는 벽지에까지 서려 있었다. 목단꽃이 한창일 때면 그 꽃향도 묻어와 우리집 사랑방 향기가 되었다.

감이 아이 주먹만큼 탐스러워지는 무더운 날이면 닭들은 목단 그늘에서 흙을 몸에 끼얹어 목욕을 했다. 그런 닭들의 벼슬은 흡사 목단 꽃잎이었다.

선하늬바람이 불기 시작하면 무성했던 잎들은 지고 목단 줄기들만 꼬투리를 인 채 낙엽 사이사이에 구부정하게 서 있었다. 어딘가 삭막한 느낌마저 들게 했다. 굵어진 석류가 짙은 빛을 띠고, 감들은 가을 석양에 타는 듯 붉었다. 고목에 달린 유자들도 향기만큼은 싱그러웠다. 무더위와 비바람, 계절마다 겪는 고통스런 변화 속에서도 각각 독특한 빛깔과 향기를 담아낼 준비를 하고 있었다.

가을이 되면 아버지는 대나무 칼로 심을 뺀 목단 뿌리를 당귀, 작약, 천궁과 함께 엮어 대청마루에 두고 가족 상비약으로 썼다.

보석처럼 반짝이는 알맹이를 가득 품은 석류는 대나무 석작에 들어 시렁 위로 오른다. 서리를 맞아야 제맛을 내는 서리단감은 시루 안에 차곡차곡 들어앉는다. 밤, 곶감도 독 속에 들어 명상을 시작한다.

독자이신 아버지는 조상의 시제사에 정성을 다했다. 불편한 교통편에도, 불순한 일기에도 거르는 일이 없었다. 언제나 우리 형제들을 참여시켜 조상의 얼을 새기도록 했다.

미닫이 너머로 아버지 코 고는 소리가 들렸다. 족보를 쓰시다가 늦게 잠이 드신 것이다. 자식들에게 물려줄 가승 족보를 가는 붓으로, 그것도 일을 할 수 없는 추운 겨울날이나 비 오는 날만 써야 하므로, 십 년은 걸릴 것이라고 시작하신 일이었다.

문풍지가 울었다. 안과 밖이 창호지 한 겹 사이라서 보지 않아도 바깥 동정에 훤했다. 눈보라가 창호지에 흩뿌려지고 있었다. 바깥 풍경이 머릿속에 그려졌다. 추위에 약한 유자나무만 이엉 조각을 엉성하게 걸치고 있을 뿐, 터 안의 나무들은 이 추위와 눈보라를 맨몸으로 견디고 있구나. 그래도 내년 봄꽃 피울 양식은 깊이 간직하고 있겠지.

웃풍에 코끝이 서늘했다. 방바닥에 등을 납작하게 붙여봐도 웃풍은 여전했다. 나는 이 방에서 전통문화의 가치와 가족 제도의 소중함을 익혀 왔다. 배움은 실천을 통해야만 그 가치가 드러난다는 사실을 아버지의 일상에서 깨달을 수 있었다. 추위 속 저들은 내게 자연의 이치를 보여 주었다. 세상 모든 것들은 각기 저만의 향기를 남기며 생을 이어간다. 내게도 향기가 있다면, 가볍게 발산하는 사향 같은 것이 아닌, 그 안에 깊이 간직하는 목단꽃 향기 같았으면 좋겠다.

# 아버지의 등

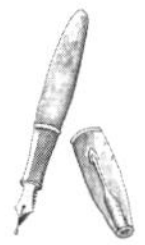

스멀스멀, 근질근질

팔을 꺾어 뒤로 넘겨도 닿지 않는다.

"할아버지 왜 그러세요, 갑자기 냉수마찰이라도 하세요?"

"이리 와서 여기 좀 긁어라."

"할아버지 냄새가 나서 싫어요."

손녀가 주먹으로 그곳을 퉁퉁 두어 차례 두들기고 도망쳐 버린다.

"저런 저런, 더러 얻어다 놓은 효자손이 어디에 있으련만."

"늙으면 피가 말라 가렵다더라. 요즘 내가 그렇다. 등 좀 긁어라."

가끔 나를 부르시던 아버지가 생각난다.

목 뒤까지 옷을 밀어 올리면 아버지의 따스함이 얼굴 가득 전해진다. 손바닥으로 등을 두어 차례 쓸어본다. 살갗이 밀린다. 안쓰럽다. 이곳저곳 살피며 골고루 긁는다. 등에서인지 옷에서인지 갓 바른 벽지의 풀 냄새 같은 것이 난다. 아침이면 아버지가 지고 들어서는 소 꼴 냄새, 오래된 땀 냄새 같기도 하다. 지금 생각하면 그것은 가족을 살리려 당신 몸을 발효시키는 누룩 냄새였는지도 모른다. 그 냄새가 싫지 않았다. 등을 긁다 보면 위에서 아래로 이어지는 뼈가 만져진다. 우리 집안이 그렇게 이어져 옴을 알 수 있다. 나와 우리 가정을 지켜준 것이 바로 이 등이라는 것을 금방 알게 된다. 그 등에 얼굴을 비벼보고 싶다. 전보다는 야윈 것 같지만 뒷산 중턱의 장군바위와 우리집 황소의 등보다 더 단단해 보이는 아버지의 등이었다. 식구들은 그 등에 기대어 살아왔다. 명절이나 집안 대소사에 허리를 곧추세우고 사랑에 앉아 계시는 아버지의 등을 본다. 그래서 집안에는 반드시 어른이 계셔야 한다고 했던가!

가난하고 힘든 가정에서는 남자가 등짐 질만 잘해도 먹고는 살았다. 등은 덕을 지녔다. 가족들의 온갖 슬픔 아픔 고통을 짊어지고 때로는 어려운 이웃의 짐까지 져 준다. 핵가족 시대가 오면서, 늦게 들어오고 아침 일찍 나가는 아버지의 얼굴을 보기 어려운 가정이 늘어간다. 이러니 어떻게 아버지 등의 따뜻함을 몸으로 느낄 수 있겠는가! 부자유친(父子有親)을 꼭 필요한 것이라고 가르치려 들지 않아도 우리는 그것을 아버지 등의 따스함을 통해 저절로 익혔다. 컴퓨터나 PC방을 즐기는 요즘 아이들은 그것을 알 리가 없다. 기대할수록 관계만 더 썰렁해질 뿐이다.

중학생 때였다. 매미 소리를 들으며 장기에 열중하던 우리 등 위로 아버지가 회초리를 내리쳤다. 옆에서 바둑을 두던 형의 친구들도 혼비백산하여 뒷마당과 앞마당으로 신발도 신지 못한 채 우르르 줄행랑을 쳤다. 들에서 들어오시다가 대청 뒷마루에서 장기와 바둑에 열중하고 있는 우리를 본 것이다.

"모든 것은 때가 있다. 거름을 주어야 할 때 거름을 주고 김을 매야 할 때 김을 매 주어야 한다. 때를 놓치면 수확이 반감한다. 바둑이나 장기, 낚시는 나이 들어서 해도 늦지 않다. 지금 너희들은 공부해야 할 때이므로 오롯이 공부만 해야 한다."

늘 당부 하시던 아버지에게 현장을 들켰으니…. 따스한 등을 내밀 때와는 다른 그런 면을 가진 아버지였다.

병환 중에도 아버지는 조금이라도 우선하면 앉아서 신문을 읽으셨다. 그럴 때 아버지의 등 뒤로 손을 넣어보면 늑골과 등뼈 사이가 움푹움푹 만져지지만 그래도 따스함이 있어서 좋았다. 그렇게라도 아버지를 잊고 싶지 않았던 것이다. 아버지 냄새는 우리 가정의 일상이고, 건강이고 화목이었다.

할아버지 냄새가 나서 싫다는 철없는 어린애의 말이지만 가슴속으로 서늘한 바람이 훑고 지나가는 것 같은 아픔이 잠시 인다. 고열로 펄펄 끓는 어린 딸을 업고 버스 정류소까지 오리나 되는 길을 뛰던 때가 한두 번이 아니었다. 자식들은 내 등 냄새를 아버지의 냄새로 기억할지 모르지만, 한집에 살아도 한 치 건너 두 치라고 손자 손녀는 달랐다.

아버지를 생각하면 지게가 먼저 떠오른다. 80세가 되던 해, 돌아가시기 한 달 전까지도 아버지는 등에서 지게를 떼지 않으셨다. 황소의 등을 싸리비로 빗겨주며 아버지는 우리 식구들의 삶이 황소의 등 덕택이라고 고마워했다. 그러나 황소는 언제나 아버지 등 위에 얹혀있었다. 매일 아침 하루 먹일 풀을 가득 지고 들어서는 아버지였다. 지게에서 삐꺽대는 소리가 났다. 그것은 소의 무게에 짓눌린 아버지의 힘들어하는 신음이 아니었을까.

얼마 전 동네 경로잔치에서 어떤 여성 국회의원이 백세 시대를 사시는 어르신들이라고 축하 인사를 했다. 하릴없이 노인 냄새나 풍기며 등 값도 제대로 하지 못한 주제에 칠십을 훌쩍 넘긴 내가 그런 축하(?)를 기뻐해야 할지 슬퍼해야 할지.

| 서평 |

# 심안으로 밝힌 서정, 그 숨결과 향기

## - 윤재송 제2 수필집 『나의 퀘렌시아(Querencia)』 -

최 원 현

(사) 한국수필가협회 이사장 · (사) 한국문인협회 부이사장

1. 들어가며

윤재송 수필가가 두 번째 수필집을 상재한다. 첫 번째 수필집 『팔꿈치가 못생긴 아내』(2017. 정음출판사)를 낸 지 4년 만이다. 윤재송은 2014년 국내 최고의 수필전문지 월간 『한국수필』 신인상에 당선되어 수필가로 등단한 후 3년 만에 첫 수필집을 냈다. 그리고 다시 4년 만에 두 번째 수필집을 내는 것이다. 그런데 그의 이력을 알고 난 후 깜짝 놀랐다. 그는 시각장애인이란다. 눈을 못 보는 상태에서 수필집을 7년에 두 권이나 낸다는 것은 놀라운 일 정도가 아니다. 어떻게 볼 수 없는 상태에서 글을 썼으며 그것도 두 권 수필집 곧 일백여 편의 수필을 썼다는

말인가. 불가능해 보이는 좀처럼 이해가 되지 않는 부분이기도 했다. 거기다 윤재송의 수필 문장을 보면 지극히 감성적이면서 묘사적이다. 보지 않고서 어찌 그게 가능하단 말인가. 그런데 놀랍게도 윤재송은 그걸 해낸 것이다.

윤재송은 1946년 전남 해남에서 출생하여 1967년 육군 소위로 임관된 후 다음 해인 1968년 육군항공학교를 졸업한다. 비행기 조종사가 된 것이다. 그런데 1972년 비행 업무 수행 중 악기류로 인해 눈을 다쳐 실명을 한다. 겨우 26세 때다. 결국 심한 심적 정신적 충격과 좌절 속에서 육군 중위로 퇴역한다. 하지만 그의 삶은 거기서 멈추지 않는다. 결혼을 하고 제2의 삶을 연다. 1984년엔 광주가톨릭시각장애인선교회를 창립하면서 시각장애인으로서의 새로운 삶을 시작한다. 1990년엔 중복장애아동 교육 보호시설인 서울 라파엘의 집 원장이 되어 장애인을 위한 일을 한다. 2010년부턴 사회복지법인 하상복지재단 대표이사를 맡고 있다. 그의 도전적 삶은 거기서도 멈추지 않는다. 덕성여대 평생교육원에서 수필을 공부하기 시작하면서 운현수필 제19집(2014)부터 25집(2021)까지 동인으로 참여하게 된다.

한창의 나이에 사고를 당해 시각장애인이 되고 그런 절망의 상황을 극복하고 새로운 삶을 열기까지의 고난과 좌절과 헤아릴 수도 없는 아픔과 슬픔과 고통은 감히 어느 누구도 제대로 이해할 수도 그 깊이를 측량할 수도 없을 것이다. 그런 윤재송이기에 두 번째 수필집은 더욱 위대한 인간 승리요 자랑스런 윤재송 문학의 경이로움이다.

2. 윤재송 문학을 여는 심안(心眼)

삶이란 하나같이 겪어보지 못한 것을 사는 것이지만 요즘의 코로나 상황은 여느 시대 다른 누구도 한 번도 겪어보지 못한 시대를 사는 것임이 분명하다. 사회적 동물인 사람에게 이건 군중 속의 고독 같은 참담함이요 가혹한 형벌이 될 수도 있겠다. 이러한 때에 나온 윤재송 제2 수필집 출간의 의미는 매우 특별하다.

요즘은 사회적 동물인 인간이 그 '사회적'을 포기해야 하는 상황이다. 아리스토텔레스가 「정치학」에서

> "사회적이 아닌 개체는 하찮은 존재이거나 인간보다 높은 수준의 존재이다. 사회는 본질적으로 개체보다 우위에 있는 어떤 것이다. 공동생활을 영위할 수 없거나, 혹은 공동생활의 필요성을 느끼지 않을 만큼 자급자족이 가능한, 그래서 사회의 일원이 되지 않은 존재가 있다면, 그것은 짐승이거나 신이다."

라고 한 것처럼 사회적이지 않다는 것은 사람이 아니거나 사회적이지 않아도 스스로 모든 것을 다 이루어낼 수 있는 신(神)일

것이라는 말은 그만큼 사회적이란 것이 사람에겐 절대적으로 필요하다는 말일 것이다. 그렇다면 그 사회적이라는 말속에서 우린 또 무얼 생각하는가. 곧 어울림이다. 서로 보고 듣고 나누는 것, 그게 함께 이루어질 때 사회적이라는 말을 쓴다. 그런데 그렇게 할 수 없는 경우가 있다. 모두 격리시켜 나만 남거나 나만 남게 격리당하는 경우다. 그것이 법적 제도적 등 타의에 의할 수도 있지만, 자의도 타의도 아니게 그냥 그렇게 되어 버리는 경우도 있다. 선천적으로 덩그마니 나만 남겨진 경우도 있고 생각지도 않은 사고나 사건을 통해 그리 되어버릴 수도 있다.

사회적 동물이란 '개인이 독립적으로 존재하는 것이 아니라 타인과 끊임없이 관계를 맺으며 존재한다.'는 입장에서 인간을 이르는 말인데 윤재송에게 닥친 불행은 실로 참담함, 좌절, 절망의 극이었다. 있으되 있음을 보지 못하는 상황은 세상으로부터의 고립이고 절대 격리이다. 한데 신은 잔인(?)하게도 희망이라는 작은 창을 보여주며 숨을 크게 쉬어보라 했다. 두 개의 보이지 않는 눈 대신에 새로운 또 하나의 눈 곧 심안으로 보라 했다. 하지만 생활은 심안이 통하지 않는다. 다행히 아내가 눈이 되어주었지만 윤재송은 글을 쓰게 된 순간 그의 심안이 그를 살게 하는 또 하나의 눈이 되었다.

세상인심은 남의 흉허물에 더 관심이 크다. 말끝에 이웃 부부싸움, 아주머니들의 무릎맞춤이 벌어진다. 바쁜 어머니는 방아 곁에 가보지도 못했는데 우리 방앗간에서 난 소문이라고 어머니가 오해받는 일도 종종 있었다. 발로만 찧어야 할 방아를 입으로 찧으니 시끄러울 수밖에. 방아를 찧고 삯을 내는 일은 없었다. 그저 수수비로 방앗간이나 깨끗이 쓸어 놓고 가면 되었다. 뒷일은 참새들이 알아서 했다. 돌확 틈 사이에 낀 알갱이들까지 깨끗이 쪼아먹고 갔다. 방앗간은 먹을 것이 있으나 없으나 참새들이 들러 가는 곳이다.

전쟁으로 시끄러운 가운데 마을에 발동기가 들어왔다. 그때까지 디딜방아가 하던 모든 일을 손쉽게 해결해주었다. 우리 디딜방아도 무용지물이 되어 뜯긴 채 한동안 방앗간 벽을 의지하는 신세가 되었다. 오래전 헛간을 허물었다. 돌확이 묻혔던 자리에 비파나무를 심었다. 고향 집에 들러 그 나무를 만져 보았더니 밑동이 어린아이 장딴지만큼이나 굵었다.

친구 아내는 커피 이외에 생강차, 대추차, 율무차 등 전통차는 좋은 재료를 넣어 직접 만들기에 맛과 향이 뛰어나다고 자신만만하다. 친절하게 손님을 대하는 태도도 자연스러워 보인다. 방앗간 자리니 참새는 심심찮게 들고날 것이고, 세상 소식에는 더 밝아질 것이다. 친구가 마음을 놓아도 될 것 같다. 이 카페는 전통문화나 예술에 관심 있는 사람들이 찾아와 쉬어갈 것이다. 디딜방앗간은 사라졌지만, 찾는 이들의 마음을 다잡아주는 쉼터가 되기를 빌어본다. 우리 방앗간 자리에 심은 비파나무에도 오가는 새들이 날개를 접고 재잘댈 것이다. 지난날 그곳에서 오염되지 않은 곡식 낟알을 먹던 때를 그리면서.

「디딜방앗간 카페」 중에서

위의 글에서도 보듯이 그가 눈을 볼 수 없다는 것을 어디서도 느낄 수 없다. 그는 그가 활용할 수 있는 모든 것을 최대한 활용하여 여느 누구나처럼 평범한 일상적 글쓰기를 한다. 해서 그의 글쓰기는 오히려 화려하지 않다. 있는 그대로를 적확(的確) 하게 그려내기도 하고 생각을 적절하게 피력한다. 보이는 것에 생각 더하기 그리고 그 생각을 사유로 이끌어 내며 그만의 형상화를 시도한다. 하지만 '있는 그대로'가 보이지도 않는데 어떻게 표현으로 가능한가. 자신의 오래된 지난 기억에 아내의 눈을 통한 현시적 설명이 더해지면 거기에 그만의 '심안으로 보기'가 글쓰기의 시작이 된다. 순간순간 더해지는 아내의 구술이 생명력을 얻는 건 현실적 상상의 폭을 넓힌 그의 심안이 그만의 눈으로 그걸 다시 보기 때문이다.

> 아침부터 비가 왔다. 넓은 목단 잎에 두두두두 쏟아지는 빗소리가 시원스러웠다. 떨어진 목단 꽃잎들이 비에 젖어 자주색 카펫을 깔아 놓은 것 같았다. 곁에 서 있는 석류꽃이 발그스레한 분홍빛이라서 더 그런지도 몰랐다. 저만큼 살구나무와 물앵두나무도 토실토실 살찐 열매들을 잘 씻어달라는 듯 몸을 내맡기고 있었다. 울타리 구석 큰 소나무와 그 앞 유자나무까지 뿌옇게 물보라를 일으키고 있었다. 사방은 조용하고 들리는 것은 빗소리뿐. 어느새 사랑 마당에도 동그란 물거품들이 앞마당으로 떠가고 있었다.
>
> 감이 아이 주먹만큼 탐스러워지는 무더운 날이면 닭들은 목단 그늘에서 흙을 몸에 끼얹어 목욕을 했다. 그런 닭들의 벼슬은 흡사 목단 꽃잎이었다.
>
> 「저만의 향기」 중에서

그가 문장으로 그려내는 것을 보면 놀라지 않을 수 없다. 섬세함, 정교함, 세밀함, 눈에 보듯 그려지는 상세함이 그 현장에 나를 있게 한다. 여타의 사람도 두 개의 눈 외에 또 하나의 눈을 가질 수는 있다. 마음의 눈 곧 심안이다. 심안(心眼)은 사물을 주의하여 잘 살피고 식별하는 능력 또는 그런 마음의 작용이라는 사전적 의미를 넘어 윤재송 문학은 바로 그 심안이 연 문학 아니 심안으로 여는 문학이다. 여기에 윤재송은 자신의 보이지 않는 눈 대신 아내라는 다른 눈 하나를 더 갖는데 그 눈은 더욱 특별하다. 아내의 눈 마음 생각 그리고 모든 것을 더 잘 보여주려 하는 사랑의 마음까지 더해진 낮에도 빛나는 별 같은 눈이다. 그 눈에 윤재송의 심안이 더해지는 것이다. 그렇게 윤재송 문학이 탄생한다.

3. 윤재송 문학, 그 소소한 감동

윤재송의 수필을 읽으며 가장 궁금하고 의아했던 것도 어떻게 보지 못하는데 보는 것보다 더 섬세하게 사물을 그려내는가였다. 그 의문은 지금 이 순간에도 있다. 다만 추측할 수 있는 것은 그의 아내가 보통 사람들 두 배의 맑고 밝은 눈을 가졌고 그 눈으로 본 것을 직접 본 것보다도 더 자세하고 섬세하게 그의 마음 눈에 보여준다는 것이다. 그 프리즘을 통해 생성되는 새로운 상이 바로 윤재송의 글쓰기 시작인 것이다.

윤재송의 수필 「가장 감동적인 수필 한 편」은 그의 이런 여러 면을 보여준다. 섬세하기 이를 데 없는 그의 수필적 분위기곧 정서가 잘 나타나 있다.

> 왼편 산비탈 콩밭에 띄엄띄엄 서 있는 수수 알맹이가 탐스럽게 영글어 차창만 열면 가을이 물씬 밀려들 것만 같았다. 강물 위를 스쳐 온 바람결에 팽팽하게 여문 콩 꼬투리가 금방이라도 톡하고 터질 것처럼 보인다고 창밖을 향한 채 아내가 말했다. 가끔씩 서울을 비우면서도 풍광 좋은 곳에 오면 오랜만에 떠나온 것 같은 기분이 들곤 했다.

윤재송의 눈은 자연의 소리 모양 느낌 냄새를 모두 보는 눈이다. 그에겐 보는 것 듣는 것 맡는 것이 모두 다 감동이다. 그 감동이 문장으로 엮어진다. 그런가 하면 추억도 잘 이끌어 낸다.

> 문어를 만나니 어머니 생각이 났다. 여름이면 우리 식구는 문어를 넣은 찹쌀죽을 보양식으로 먹곤 했다.

문어를 보았는데 어린 날의 어머니 생각이 난 것이다. 어릴 때 먹었던 보양식 찹쌀죽은 어머니에 대한 그리움의 죽으로 그때의 식구들을 불러내는 그리움의 화소가 된다. 뿐 아니라 그런 추억만이 아니라 현시적인 상황에서도 그만의 분위기를 불러낸다.

애국가는 아무나 다시 지을 수 있는, 아무 때나 부르는 단순한 노래가 아니다. 우리의 나갈 길을 밝히는 대서사시이며 가장 감동적인 한 편의 수필이 아닐까. 추모를 겸한 뜻깊은 자리에서 느꼈던 그때의 감동이 지금도 생생하다.

수필은 현대인의 기호에 가장 적절한 내용과 형식의 합당성을 제공하는 문학이다. 하지만 그냥 이야기만으로 읽는 이를 공감케 하거나 감동으로 이끌어 낼 수는 없다. 수필만의 맛도 필요하고 멋도 필요하다. 맛은 맛대로 멋은 멋대로 수필의 품격이 되어 읽고 싶은 마음을 끌어낸다. 그러려면 유머와 재치도 필요하다.

유머와 재치는 고도의 지성을 원하기보다 쉬운 것 간편한 것, 가벼운 것이면서도 읽는 맛의 단조로움을 벗어나게 하는 촉매제가 되면서 카타르시스를 제공하고 더러는 촌철살인의 지성으로 즐거운 읽기가 되게 하는 윤활유의 역할도 하게 된다.

그런가 하면 짧은 수필에선 오히려 단순성에서 맛의 깊이를 찾게도 한다. 현대인은 오히려 감동의 폭이 깊지 않고 짧게 산뜻하기를 원하기도 하기 때문이다.

윤재송의 수필은 이런 다각적인 수필 맛을 통해 공감케 하고 감동케 한다. 표제작인 「나의 퀘렌시아」에선 자신의 엄청난 불행조차 너무나도 담담하게 그려낸다.

사고, 장애, 좌절, 체념, 재활의 과정을 겪으면서 나도 결정과 선택을 되풀이 해야만 했다. 불행과 행복은 겉으로 드러나는 것이 아니라 내 안에 있다는 것도, 장애는 그 자체가 부끄러움이 아니라는 것도 알게 되었다. 그것들이 그때까지 밑바닥에 좌초되어 있다시피한 나를 건져 올렸다. 평생 불행할 것만 같던 내 삶도 세파에 씻기고 씻기면서 다부져 갔다.

가정이 생기고 가족이라는 울타리가 둘러지자, 방황은 끝나고 안정이 찾아왔다. 아내는 언제나 나를 격려하려 애썼다. 모든 일의 중심에 내가 있다는 것을 느끼게 해주었다. 나에 대한 주위의 관심도 새로워졌다. 그것이 내가 재활하는 데 저력이 되었고 용기가 되었다. 그렇게 안정된 삶 속에서도 어딘가 늘 허전했다. 무엇 때문일까? 오래전 잃었던 내 꿈이 그때까지도 바람 속을 떠돌며 방황하고 있다는 것을 잊고 있었다. 「나의 퀘렌시아」 중에서

퀘렌시아란 투우경기장에서 지친 소가 숨을 고를 수 있는 그만의 순간적 안전한 장소 곧 자신만의 피난처요 안식처를 말한다. 투우사와 싸우다 지친 소가 사람 눈에 띄지 않는 잠시의 피난처에서 숨을 고르고 다시 싸움에 나설 수 있게 하는 곳이다. 윤재송은 가장 꿈많고 왕성한 삶을 펼쳐내야 할 때에 뜻하잖은 사고로 모든 것이 정지되어 버린다. 한 발짝 나아 갈 수도 고개조차 들 기운조차 없는 절망적인 상태에 놓였던 그에게 그 모든 좌절과 절망 사이로 한 가닥 바람처럼 그에게로 와 주었던 위로와 한 생각, 친구의 격려도 큰 힘이 되어 주었지만 가정과 가족이라는 울타리가 안정을 찾게 해 주었다. 곧 장애는 부끄러

움일 수 없고 행복이나 불행은 내 안에 있다는 생각이 그의 숨을 돌리게 했다. 그 중심에 아내가 있었다. 아내의 격려는 내가 나의 중심이고 그 중심인 내가 어떻게 생각을 하느냐에 따라 새로운 나로 될 수 있다는 위대한 깨달음을 주었다. 그 깨달음이 '사고 장애 좌절 체념 재활의 과정'을 이겨 내게 했다. 오래전의 꿈이 아직도 남아 있다는 안타까움도 있지만 이룰 수 없는 그 희망(바람)조차 잠재우며 숨을 쉴 수 있게 한 아내의 마음과 정성이 그에게 퀘렌시아가 되고 있었다. 그러고 보면 누군가가 내 곁에 있다는 아니 나와 함께 해준다는 사실의 인지는 나이가 들었거나 어린 날이거나 같다 할 수 있다.

길섶 풀 위에 친구들과 제비처럼 나란히 앉았다. 누군가 새로 돋아난 소나무 새순을 꺾어 껍질을 벗기고 하얗게 드러난 속을 내게 건넸다. 하모니카처럼 입에 물고 좌우로 핥았다. 달콤하고 시원한 물이 입안에 가득 고였다. 맛이 있었다. 내가 잘 먹는 것을 본 친구들이 번갈아 자기 손에 든 것을 내밀었다. 그사이 삐비를 까서 주는 친구도 있었다. 환자가 되어 간호를 받는 것 같았다. 몇 개를 받아먹고 나니 가슴이 탁 트이는 것 같았고 열도 내린 듯했다. 시원한 맛에 금방 기분이 좋아졌다. 따스한 햇볕, 부드러운 바람 속에 차에서 떨어져 곤두박질친 일이 아무것도 아닌 것 같았다. 그런데도 장난질을 칠 때면 무섭게 혼을 내는 아버지의 얼굴이 자꾸만 떠올랐다. 오늘 일은 비밀이라고 친구들에게 몇 번씩 다짐을 받고서야 집으로 향했다. 「다시 그 봄 그 길로」 중에서 잘못을 저지른 뒤의 두려움 공포감은 어린 날엔 더 컸을 것이다. 그런데 거기에 친구가 함께 해 준다. 즐거운 공범자가 된다는 것도 살아가는 큰 힘이 아닐 수 없다. 함께 한다는 것은 그만큼 큰 힘이 되었다. 지금은 용납될 수 없지만 윤재송의 어린 시절쯤엔 참외나 수박 서리며 닭서리같이 유쾌한 공범 놀이(?)가 가능했다. 모두가 공범이 되는 추억의 시간들이었다. 그 어린 날 속엔 어머니 대신 동무가 되어 주던 누님도 있다. 그 누님이 너무 젊은 나이에 세상을 떠나 어린 나이에 벌써 슬픔이 무엇인지를 알아버렸다. 누님은 갔는데 새 누님이 왔다. "내 딸 무덤에 흙도 마르지 않았는데." 어머니의 탄식에 그는 그걸 슬픈 인연이라 했다.

그는 고산 윤선도의 후손이다. 조상에 대한 자긍심이 크다. 그건 아버지로부터 받은 것일 수도 있다. 그는 아버지로부터 묵향을 익혔다.

> 우리는 소학을 떼고 족보까지 익혀야 사랑방을 떠날 수 있었다. 외지에 나가 있는 형들도 그 과정을 거쳤다. 아버지는 평소 성현의 말씀을 자주 인용하심으로써 우리 형제가 그 의미를 스스로 터득하기를 바라셨다.
>
> 아랫방에는 언제나 익숙한 냄새가 있었다. 낮은 책상 곁에 놓인 아버지가 가장 소중히 여기는 단계석 벼루와 먹, 붓이 내는 묵향이었다. 그 향기는 책, 나무 재떨이, 벽에 걸린 족자, 심지어는 벽지에까지 서려 있었다. 목단꽃이 한창일 때면 그 꽃 향도 묻어와 우리집 사랑방 향기가 되었다.

독자이신 아버지는 조상의 시제사에 정성을 다했다. 불편한 교통편에도, 불순한 일기에도 거르는 일이 없었다. 언제나 우리 형제들을 참여시켜 조상의 얼을 새기도록 했다. 「저만의 향기」 중에서

그런 그였기에 세상을 보는 눈도 정치를 보는 눈도 그만의 기준이 있었다.

정치인은 어떤 사람들인가? 당선되면 태도를 바꾸고 표 바라기로 사는, 국민은 안중에도 없고 당리당략에만 의리를 지키는 한마디로 진실하지도 성실하지도 않은 사람들이라는 것이다.

농토가 넓고 비옥한 이 지역은 정치가보다는 문인, 학자, 예술가가 많이 배출된 곳이다. 조선 제일의 문장가인 백호 임제 선생과 옥봉 백광훈 선생이 여기에서 나왔으며 시인인 고산 윤선도 선생도 이곳 출신이다. 남종화의 대가인 소치 허련의 일가도 이곳에서 뿌리내렸으며 글씨로 유명한 소전 손제형 선생도 여기서 태어났다. 그래서 시를 짓고 읊으며 풍류를 즐기던 누정 문화가 발달한 곳이었다. 가장 왕성한 때는 누각이나 정자가 160여 개소나 되었다고 한다. 내가 자라던 마을 동산에도 연못 자리가 그대로 남아 있었다.

「빛의 고을」 중에서

그의 고향 그리고 선조에 대한 자긍심은 그의 삶 속에도 깊게 뿌리내려졌다. 윤재송의 문학은 사실을 진실로 보는 눈을 더 크게 뜨고 그가 본 것을 말하는 것만으로도 공감의 폭을 확대 시킨다. 진솔함은 독자의 공감을 끌어오는 가장 큰 힘이다. 윤재송

의 문학엔 그런 소소함으로 공감을 유도하고 감동을 유발하는 마력이 있다.

4. 윤재송 삶의 문학

수필은 자기 경험적 삶이 주가 되기 때문에 삶의 문학이라 할 수 있다. 있을 수 있는 일이 아니라 실제 있었던 일들을 통해 사유와 형상화로 문학을 형성하는 수필은 그래서 인격의 문학이라고도 한다. 윤재송 만큼의 연령대를 산 시대의 사람들은 한국 정치사의 파란과 경제사의 온갖 굴곡을 다 겪은 생활의 백전 용사들이다. 오늘의 시대도 그들의 결과물이다. 그 삶의 여정은 눈물과 땀의 시기였다. 슬픔, 고통, 좌절, 희망, 성취, 성공 등 온갖 단어를 다 동원해도 그 의미가 다 포함될 수 있는 눈물이요 땀이었다. 하지만 이번 수필집에선 지극히 개인적인 부분에서의 그의 삶이 보여진다.

그는 29년 전에 위암 수술을 받았었다. 그런데 또 악성종양으로 수술을 받아야 한단다. 지난 수술의 악몽을 생각할 때 그리고 지금의 상태로 볼 때 수술의 성공도 보장할 수 없는 상황에서 결심이 서지 않았다. 한데 아내의 얼굴이 떠올랐다.

> '그대로 있으면 나는 조금 더 살다 가겠지만.' 시각장애를 마다 않고 나를 선택한 아내, 어려울 때 더욱 강해지던 아내, 오직 나만을 위해 살아온 아내다.

17년 동안 기르던, 늙고 쇠약해져 꼼짝 못 하는 개를 주사기로 죽을 먹이고 고통스러워할 때면 팔에 안고 어린아이 어르듯 하는 아내다. 벌써 몇 개월째인지, 그 정성이 딱할 정도다. 주위에 보살펴 줄 대상이 없어진다면 아내는…. 그래, 나는 언제까지나 아내 곁에 있어야 해.

또 한 가지가 나를 붙든다. 조상을 모신 선산이다. 아버지 돌아가신 후 나는 40여 년을 종손으로서 바로 웃대에서 7대조까지를 한결같이 벌초를 하고 기제사를 모셔왔다.

조상이 없으면 내가 있을 수 없고, 아내의 보살핌이 없었다면 이 자리에 내가 있을 수 있을까. 아내와 조상, 이 두 가지가 살아야겠다는 내 결심을 새삼 굳게 했다. 「살아야 하는 이유」 중에서

살아야 하는 이유는 나에게 있는 것이 아니었다. 나는 나만의 것이 아니기 때문이다. 삶은, 살아 있다는 것은 단지 나만의 기쁨이 아니다. 나를 사랑하는 그리고 나를 믿고 의지하고 따르는 아내를 비롯한 모든 이들에 대한 사명이요 책임이기도 했다. 살아야만 한다는 살아 줘야 한다는 그 의무감이 나를 사랑해 주는 것에 대한 배반이 아닌 작은 갚음이라도 될 수 있는 것이어야 했다.

윤재송은 신혼여행도 가지 못했단다. 나이가 많이 들어서야 여행을 하게 된다. 그런 그의 눈은 아내였다.

중세 유럽교회의 박물관이다시피 한 스페인의 톨레도성을 찾았을 때 아내는

> 성벽을 쌓은 돌의 서슬을 내 손가락 끝으로 만지게 해주었다. 덕분에 오백 년 전에 세워진 성을 어제의 것처럼 보존해 온 이곳 사람들의 문화재 애호 정신을 엿볼 수 있었다. 또 슬로바키아에서는 해발 1700m 높이의 산 중턱에 있는 호텔 앞 호숫가를 거닐며 크고 밝은 밤하늘의 별과 숨소리 하나 없는 숲, 호수에서 피어오르는 안개를 보며 그 광경과 정취를 제대로 표현해주지 못해 안타까워하던 아내였다. 프랑크푸르트의 한 호텔 식당에서는 이런 일도 있었다. 팬케이크 반죽을 수프로 알고 우리 일행들이 퍼다 먹었다. 쏘리 쏘리를 연발하며 놀라 당황해하는 직원을 보며 웃음 속에 아침 식사를 했다. 아내는 보이는 모든 것을 내가 직접 본 것처럼 내 영혼 속에 담아 주려 애썼고, 갑자기 변하는 상황에도 차분하게 대처했다. 어디를 가나 팔짱 끼고 앞장서는 우리 부부는 일행들로부터 격려를 받았다. 「이별 리허설」 중에서

아내와 함께 하는 여행의 그림은 윤재송 수필의 백미이기도 하다. 그런데 이번은 아내와 함께하지 못하는 여행이다. 자식들이 마련한 가족 여행인데 기르던 반려견이 시력 장애가 와서 배변 배뇨도 음식 섭취도 못하게 되자 그런 녀석만 놔두고 여행을 갈 수 없다는 아내를 두고 떠나온 것이다. '아내 없이는 꿈도 꿀 수 없는 일'을 하다 보니 이별이라는 생각을 하게 되었다. 45년을 한 번도 떨어져 본 적이 없었기에 아내와 떨어져 보면서 새삼 이별의 의미를 깊게 진지하게 생각해 보는 계기가 되었다.

윤재송의 삶은 '함께'의 삶이다. 이두일체(二頭一體) 같기도 하고 이인삼각 경기를 하는 것 같기도 하다. 주로 아내가 주도적일

수밖에 없기에 늘 미안함이 앞선다.

한쪽에서는 나이 지긋한 분들이 기합 소리를 내며 게이트볼을 열심히 치고 있었다. 내가 장애가 없다면 아내와 저렇게 운동을 즐길 수 있을 텐데. 아내는 저 장면이 얼마나 부러울까 하는 생각에 얼른 그곳을 지나쳤다. 아파트 단지내에서도 부부들이 배드민턴을 치고 있으면 언제나 아내에게 미안했다. 장시간 운전으로 피곤해할 때면 곁에 앉은 나는 작아져만 갔다.

힘들고 어렵게 살았기에, 남편 노릇 아비 노릇 제대로 못 했던 것은 사실이다. 앞으로는 아내의 마음이 편하고, 자식들이 열심히 살기를 바랄 뿐이다. 다들 무엇인가 남겨주어야 속이 후련하고 보람 같은 것을 느낀다는데, 나는 나와 아내의 고생했던 얘기가 실린 수필집 한 권밖에 특별하게 남길 만한 것이 없다.

「오붓한 나들이」 중에서

100세 시대라지만 삶이란 잠깐의 나들이가 아니겠는가. 그저 그날그날 감사하며 행복하게 사는 것이 최선 최상일 것이다. 삶을 살아가는 따스한 마음이 글 속에서 자란자란 모락모락 피어오른다.

그의 삶 속에는 잊을 수 없는 사람이 있다. 나이가 들면서 더욱 생각나는 사람도 있다. 어머니가 그렇지만 이 중위는 특히 잊을 수가 없다. 꿈도 자주 꾸었다.

사고 현장은 처참했다. 동체는 다 타버리고 꼬리 부분만 위로 향하고 있었다. 두 탑승자는 까맣게 그을린 채 돌바닥에 뉘어져 있었다. 누군가가 타겟클로스를 끊어다 덮으려는 참이었다. 제일 먼저 했어야 할 일인데…. 소식을 들은 인근 부대 관계인사, 군경 수사요원, 기자들이 몰려들고 민간인의 접근을 막느라 헌병들이 땀을 빼고 있었다.

"오늘은 반납할 기재가 많으니 그것도 도와주고 별일 없으면 나와 함께 정비비행 가지. 빨리 끝나면 정비중대도 한 바퀴 돌아보고 점심때 맛있는 냉면 사줄게, 어때."

그도 좋다고 해서 부장님에게 허락을 얻어 낸 것이다.

「다시 만날 때」 중에서

그런데 비행대장이 이 중위와 이륙하다가 사고가 생긴 것이다. 이 중위는 나와의 약속 때문에 와서 어이없는 길을 가버린 것이다. 그러고 보면 살아있다는 것은 내 몫이 아니다. 한 치 앞도 내다볼 수 없는 게 인간이다. 하지만 나와의 약속 아니었다면 그런 일이 생기지 않았을 것이라는 후회는 살아있는 내내 떠날 수 없을 것이다.

윤재송은 참 행복하고 아름다운 삶을 산다. 특히 부부가 사는 모습이 어쩌면 이렇게 정겨울 수 있을까.

운전을 하면서도 아내는 내게 창밖 풍경을 설명하기에 바빴다.

무너진 볏늘 주위에 하얗게 튀겨진 벼 낟알들이 감꽃이 떨어진 것처럼 소복했다.

핸들을 잡은 아내의 얼굴을 떠올려본다. 시각장애로 우여곡절이 되풀이될 수밖에 없던 내 삶을 힘들어하는 내색 없이 팔꿈치를 내밀어 준 사람이다. 그런 아내가 좋다면 천 리 만 리가 먼 길이겠는가. 빨리 가자! 활짝 밝은 얼굴로 상 앞에 앉은 아내의 모습이 벌써 보이는 것 같다.

「만 리인들 멀겠는가」 중에서

아내는 윤재송 삶의 전부다. 아내가 있기에 그의 삶도 문학도 가능했다. 그러면서 또 한 여인 바로 어머니, 어머니는 그의 영원한 고향이다.

현역 시절 갑자기 무릎이 아프다는 전갈에, 어머니가 오셨다. 막내였기에 반년 가까운 시간을 어머니와 둘이서 보낼 수 있었다. 내 생애 가장 행복한 때였던 것 같았다. 어머니 곁에서는 단잠을 잘 수 있었고 어머니가 지어준 따뜻한 밥 덕분인지 무릎은 금방 좋아졌다. 비행 임무가 없어 일찍 퇴근한 토요일 오후면 어머니와 함께 간식을 싸 들고 시가지 뒷산에 오르곤 했다. 굵은 상수리도 줍고 소나무 가지를 감고 가을바람에 달랑달랑 소리를 내고 있는 맹감을 꺾기도 했다. 가을 맹감은 어디에서 보아도 새빨간 빛이 너무 고왔다. 바위 옆에 피어 있는 한 무더기 산국을 보자 어머니는 반색을 했다. 쓰다듬으며 육친이라도 만난 듯 일어설 줄을 몰랐다. 따뜻한 가을 햇살 아래 산국과 마주한 어머니는 백년지기나 되는 것처럼 다정스러워 보였다.

퇴근길, 갑자기 퍼붓는 진눈깨비를 맞으며 들어서는데 쏟아지는 눈을 머리에 이고 서 있는 산국이 눈에 들어왔다. 순간 어머니가 눈을 뒤집어쓰고 있는 것 같아 나도 모르게 쓰고 있던 모자를 벗어 눈을 털었다. 「분신」 중에서

## 5. 나가며

수필은 삶의 이야기다. 신변잡사라며 가볍게 생각하거나 하찮게 여기는 경향이 있지만, 신변잡사야말로 우리 삶의 전부다.

어떻게 사느냐, 어떻게 살았느냐에 따라 그 삶의 흔적이 눈밭에 찍힌 발자국같이 적나라하게 보일 수는 있겠지만 어느 누구의 삶도 소중하고 가치 있는 것이다.

고산의 후예로 선비정신을 지켜온 자손답게 윤재송의 삶은 맑고 강하다. 윤재송의 두 번째 수필집에서 문학성보다도 더 귀하게 돋보이는 것은 살아온 그의 삶 아니 지금 이 순간까지 그가 있는 것만으로도 감동이요 감격이다. 그것은 이 땅의 수많은 어려움을 겪은 사람들이 이 책을 통해 윤재송의 삶을 보는 것만으로도 힘을 얻고 용기를 얻고 자신감을 얻을 것이며 무언가 나도 해보자는 각오로 새롭게 시작할 수 있을 것 같기 때문이다.

문학은 감동이어야 한다. 하지만 삶만큼 더 감동인 것이 있을 수 있을까. 누구나 한 사람의 삶은 박물관일 수 있다. 살아온 시대와 역사와 향기까지 간직한 살아있는 박물관이다. 하지만 어쩌면 우린 그 어려운 삶을 살면서 하나같이 퀘렌시아를 발견치 못하는 것이 아닐까. 분명 있는데도 보지 못하거나 찾지 못하는 조급함 무지함 건방짐 등이 성스러워야 할 아니 진정으로 갈급한 한순간을 놓친 것은 아닐까.

좋은 수필은 개인적 감정이 공감으로 확대되어야 한다. 곧 개인적 차원을 넘어 많은 사람의 공감을 받아야 한다는 말이다. 인생의 의미를 발견하고 삶의 가치를 창출하거나 탐구 해석 확대하는 과정을 통해 공감대를 확보하는 것이다.

윤재송의 수필은 서사이되 서정성이 짙은 수필들이 많다. 그만큼 정감 있는 수필을 쓰려 하고 특히 그가 바라보는 대상에 대한 시선의 애정이 포근하고 따스하게 감싸는 정서가 된다는 점이다. 하기에 그 엄청난 불행 앞에서도 흔들릴지언정 꺾이지 않고 스스로를 이겨내며 나 하나 극복하기도 어려운 삶을 나보다 어려운 그리고 나와 같은 사람들을 위한 섬김과 나눔의 길로 나섰을 것이다. 그래서 그의 수필도 감각과 서정을 그만의 따뜻한 영감의 심안으로 심미화해 냈을 것이다. 그런 개인적 감정조차 만인의 공감이 되어 감동을 줄 수 있는 것이다.

'문학은 주정적 경험의 표현'(최재서. 문학의 속성)일 수밖에 없다. 특히 수필은 정의 문학으로 정은 곧 생명을 품는다. 윤재송의 수필은 정(情)이되 생명력 있는 수필을 추구한다. 그가 추구하는 퀘렌시아는 바로 이 시대를 사는 우리 모두의 퀘렌시아일 것이기 때문이다.

윤재송 수필집

나의 퀘렌시아

2021년 9월 25일 초판 인쇄
2021년 9월 30일 초판 발행

지은이 / 윤재송
발행인 / 강병욱

발행처 / 도서출판 교음사
편 집 / 隨筆文學社 出版部

03147 서울 종로구 삼일대로 457 수운회관 1308호
Tel (02) 737-7081, 739-7879(Fax)
e-mail : gyoeum@daum.net

등록 / 제2007-000052호

* 잘못된 책은 바꿔 드립니다. 값 12,000원

ISBN 978-89-7814-834-4 03810

- 이 도서는 한국장애인문화예술원, 문화체육관광부로부터
문화예술지원을 보조받아 발간되었습니다.